赤峰学院服务赤峰市经济社会发展应用项目（项目编号：CFXYFC201805）资助出版

文化和旅游部2018年度万名旅游英才计划（项目编号：WMYC20184-037）阶段性研究成果

旅游景区
服务与管理案例

周永振　著

中国旅游出版社

‖前　言‖

  旅游景区是旅游业发展的代表，也是旅游业的主体之一。目前，全国共有景区、景点 3 万多个，其中 A 级旅游景区 11924 家，旅游景区日益成为国民休闲的重要载体，由此旅游景区的规范化运营日益重要。

  为了助力旅游景区规范化建设，我们以国家标准《旅游景区质量等级的划分与评定》要求为核心，把部分具有代表性的旅游景区服务与管理事迹整理成案例，并进行了系统分析，期望对旅游景区的建设者、管理者、参与者和学习者在解决运营中的实际问题时有所帮助。

  本书分为 7 章，除第一章绪论外，其余 6 章就文物古迹类、历史街区类、博物馆类、自然风光类、森林公园类、工业与现代农业类 6 种类型的旅游景区展开案例介绍，每节对应一个旅游景区案例，就其服务与管理具体情况展开详细的论述与分析。

  旅游景区的高质量发展，促使其服务与管理不断完善，必然能满足人民对美好旅游生活的需要！

周永振

2020 年 2 月

‖目 录‖

第一章　绪　论 …………………………………………………………………… 1

第二章　文物古迹类旅游景区 …………………………………………………… 7
　　第一节　夫子庙秦淮风光带 ………………………………………………… 8
　　第二节　元上都遗址 ………………………………………………………… 18

第三章　历史街区类旅游景区 …………………………………………………… 29
　　第一节　连云港老街 ………………………………………………………… 30
　　第二节　福州三坊七巷 ……………………………………………………… 41

第四章　博物馆类旅游景区 ……………………………………………………… 51
　　第一节　秦始皇帝陵博物院 ………………………………………………… 52
　　第二节　西汉南越王博物馆 ………………………………………………… 63

第五章　自然风光类旅游景区 …………………………………………………… 77
　　第一节　泰　山 ……………………………………………………………… 78
　　第二节　通灵大峡谷 ………………………………………………………… 87

第六章　森林公园类旅游景区 …………………………………………………… 93
　　第一节　阿尔山国家森林公园 ……………………………………………… 94

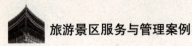

第二节　亚龙湾热带天堂森林公园 ………………………………… 104

第七章　工业与现代农业类旅游景区 ……………………………… 115
　　第一节　蒙牛工业旅游景区 ……………………………………… 116
　　第二节　蒙草·草博园 …………………………………………… 127

参考文献 …………………………………………………………… 140

后　记 ……………………………………………………………… 142

第一章
绪 论

旅游景区是旅游业发展的基础，也是旅游业发展的主体，旅游景区可接待旅游者，具有观赏游憩、文化娱乐等功能，具备相应旅游服务设施并提供相应旅游服务，是具有相对完整管理系统的游览区。A级旅游景区是我国旅游景区发展的核心，我国A级旅游景区最早依托1999年发布的《旅游区（点）质量等级的划分与评定》（GB/T 17775—1999）开展评定工作，经过三年的实践，在2003年发布了修订版的《旅游景区质量等级的划分与评定》（GB/T 17775—2003），这是当前旅游景区有效运营与开展A级评定的主要依据。

一、旅游景区的概念

（一）旅游景区的定义

旅游景区是以旅游及其相关活动为主要功能或主要功能之一的空间或地域，包括以自然景观及人文景观为主的旅游景区，按照《旅游景区质量等级的划分与评定》（GB/T 17775—2003）中的有关解释，旅游景区（tourist attraction）是指具有参观游览、休闲度假、康乐健身等功能，具备相应旅游服务设施并提供相应旅游服务的独立管理区。该管理区应有统一的经营管理机构和明确的地域范围，包括风景区、文博院馆、寺庙观堂、旅游度假区、自然保护区、主题公园、森林公园、地质公园、游乐园、动物园、植物园及工业、农业、经贸、科教、军事、体育、文化艺术等各类旅游景区。

（二）旅游景区的评定开展

1986年，旅游业正式列入国家"七五"规划（1986—1990年）中，被确定为国民经济的支柱产业，这为中国旅游业产业化发展奠定了良好的基础。为缓解当时旅游发展的全国性供给性矛盾，并针对旅游业标准化、规范化水平普遍较低的现象，国家旅游局与有关部门携手陆续出台了一系列标准，对全国旅游业的发展进行了标准化建设，主要表现在对酒店推行星级、对旅游景区推行A级标准化建设。

1999年，在总结同期国内旅游景区的管理经验，并积极借鉴国内外有关资料和技术规程的基础上，由国家旅游局提出，全国旅游标准化技术委员会归口设计，国家质量监督检验检疫总局发布了国家标准《旅游景区质量等级的划分与评定》（GB/T 17775—1999），并取得了良好的效果。2003 年在原标准基础上对一些内容进行了修订，执行了新的《旅游景区质量等级的划分与评定》（GB/T 17775—2003），使其更加符合旅游景区的发展实际。

A 级旅游景区开展评定工作最初 8 年（1999—2006 年）主要是培育旅游景区标准化意识，A 级旅游景区评定主要以 5A 级以下旅游景区为主，这个阶段评定的最高等级旅游景区为 4A 级。国家旅游局从 2005 年开始在全国范围内开展创建 5A 级旅游景区试点工作，2007 年评定出首批 66 家 5A 级旅游景区，开启了 5A 级旅游景区作为我国精品旅游景区代表的时代。

二、旅游景区的发展历程

（一）A 级旅游景区不断壮大

2003 年版的《旅游景区质量等级的划分与评定》运行十多年来，我国旅游景区建设取得了长足进步。《中华人民共和国文化和旅游部 2018 年文化和旅游发展统计公报》显示，截至 2018 年全国共有景区、景点 3 万多个，其中各类 A 级旅游景区 11924 家，A 级旅游景区数量占到了全国景区景点总体的 1/3。2018 年全国 A 级旅游景区接待总人数 60.24 亿人次，比 2017 年增长 10.5%，实现旅游收入 4707.54 亿元，比 2017 年增长 7.8%。

从 2007 年开始，截至 2019 年全国共进行了 11 次 5A 级旅游景区评定工作（分别是 2007 年 66 个、2010 年 10 个、2011 年 43 个、2012 年 26 个、2013 年 26 个、2014 年 12 个、2015 年 29 个、2016 年 15 个、2017 年 22 个、2018 年 9 个、2019 年 22 个，见表 1–1），共评定出 5A 级旅游景区 280 个（不含取消等级，见表 1–2），其中江苏省有 24 个 5A 级旅游景区，5A 级旅游景区数量位列全国省份（含自治区、直辖市）第一，之后为浙江省（18 个）、河南省（14 个）和广东省（14 个）。

表 1-1　全国 5A 级旅游景区数量一览（按批次）

评定年份	2007	2010	2011	2012	2013	2014	2015	2016	2017	2018	2019
数量	66	10	43	26	26	12	29	15	22	9	22

数据来源：文化和旅游部官方网站（www.mct.gov.cn）；统计截止时间为 2019 年。

表 1-2　全国 5A 级旅游景区数量一览（按地区）

省份	数量	省份	数量	省份	数量
北京市	8	安徽省	11	四川省	13
天津市	2	福建省	9	贵州省	7
河北省	10	江西省	12	云南省	8
山西省	8	山东省	12	西藏自治区	4
内蒙古自治区	6	河南省	14	陕西省	11
辽宁省	6	湖北省	12	甘肃省	5
吉林省	7	湖南省	9	宁夏回族自治区	4
黑龙江省	6	广东省	14	青海省	3
上海市	3	广西壮族自治区	7	新疆维吾尔自治区	13
江苏省	24	海南省	6		
浙江省	18	重庆市	9		

数据来源：文化和旅游部官方网站（www.mct.gov.cn）；统计截止时间为 2019 年。

（二）旅游景区达标体系日趋完整

A 级旅游景区是一个达标体系，根据标准等级，A 级旅游景区"可进可出"，多年来我国旅游管理部门不断加强旅游景区动态管理，倒逼旅游景区创新发展、转型升级，对于疏于管理、服务质量和生态环境下降的 A 级旅游景区予以严肃处理。截至 2018 年，全国已有 200 多家 A 级旅游景区受到取消等级、降低等级、严重警告、警告等处理。

2015 年启动针对 5A 级旅游景区的动态管理机制后，5A 级旅游景区的"终身制"被颠覆，A 级旅游景区"有进有出"的长效考核和管理逐渐成为常态。近年来，包括河北省秦皇岛市山海关景区（2015年取消，2018年恢复）、湖南省长沙市橘子洲旅游区（2016年取消，2017年恢复）、重庆神龙峡景区（2016年取消）、山西省晋中市乔家大院景区（2019年取消）等在内的5A级旅游景区由于存在安全隐患、环境卫生差、旅游服务功能退化、景区管理不规范等现象，陆续被取消5A级旅游景区资质。

旅游景区不断坚持惠民导向，国有重点景区门票逐步降价。截至2018年，全国已有981个景区、景点实施免费开放或降价措施（免费开放74个，降价907个），其中5A级旅游景区159个、4A级旅游景区534个。降价的907个景区、景点中，降幅超过20%的达491个，降幅超过30%的有214个。

三、旅游景区发展前景广阔

多年来，旅游景区一直是投资热点，在旅游类上市公司中，旅游景区类企业业绩表现突出，以旅游景区为核心的旅游产业链正在逐渐壮大（见表1-3）。在国内游客消费结构中，旅游景区游览的消费一直保持稳定的增长，中国旅游景区的变迁历程就是中国旅游消费变迁和产业发展的历史脉络，随着旅游景区服务与管理的不断完善，旅游景区高质量发展必然能满足人民对美好旅游生活的需要！

表1-3 2018年部分旅游景区上市企业主营业务一览

公司名称	旅行社	景区门票	酒店餐饮	旅游客运索道	旅游地产	旅游演艺	旅游休闲	旅游景区开发经营	旅游服务	旅游文化传媒	智慧旅游	其他业务	业务类型数量
张家界	○	○	○	○								○	5
峨眉山A		○	○	○									3
桂林旅游	○	○		○									3
丽江旅游			○	○		○						○	4
云南旅游	○	○	○	○				○		○		○	8
三特索道			○	○			○						3

续表

公司名称	旅行社	景区门票	酒店餐饮	旅游客运索道	旅游地产	旅游演艺	旅游休闲	旅游景区开发经营	旅游服务	旅游文化传媒	智慧旅游	其他业务	业务类型数量
宋城演艺						○	○						2
黄山旅游		○	○	○				○					4
大连圣亚		○							○				2
西藏旅游								○	○	○			3
长白山	○		○	○				○					4
曲江文旅	○		○		○	○		○		○		○	7
西安旅游	○		○										2
中视传媒								○		○		○	3
国旅联合							○			○		○	4

资料来源:《中国旅游景区发展报告（2019）》。

第二章
文物古迹类旅游景区

第一节　夫子庙秦淮风光带

一、基本情况

夫子庙秦淮风光带位于江苏省南京市秦淮区，以南京夫子庙古建筑群为中心、十里秦淮为轴线、明城墙为纽带，东起东水关公园，西至西水关公园（今水西门），拥有众多的文物保护单位。夫子庙秦淮风光带以展现江南民俗文化、儒家思想与科举文化等为核心，是集自然风光、文化传承于一体的城市景观带。1990年夫子庙秦淮风光带入选为中国旅游胜地四十佳，2000年被评定为首批国家4A级旅游景区，2010年被评定为国家5A级旅游景区。2012年国有独资企业南京夫子庙文化旅游集团有限公司成立，主要负责夫子庙地区优质旅游资源的整合、旅游文化产业的经营管理和"夫子庙"品牌的运作推广，旨在打造特色鲜明、理念先进、核心竞争力较强的文化旅游产业龙头企业、重大文化旅游项目融资平台、引进和培养文化产业人才的重要基地。

二、发展历程

夫子庙秦淮风光带是南京的城市人文客厅，历史上曾七毁八建。1984年南京市秦淮区第一届人代会召开，人大代表呼吁复建夫子庙，由此提出"以复建夫子庙为契机，同步疏浚十里秦淮河，构建以夫子庙为轴心的十里秦淮风光带，拉动秦淮经济全面发展"的复建方案。经过23年建设，到2007年夫子庙历史上的格局得以基本恢复，夫子庙也成为全国最早的街区、商业区合一的景区。2007年开始夫子庙以创建国家5A级旅游景区为抓手，加速转型发展，2009年为加强夫子庙秦淮风光带的保护和管理，合理开发和利用风景名胜资源，根据国务院《风景名胜区条例》等有关法律、法规，制定了

《南京市夫子庙秦淮风光带条例》[①]，成为夫子庙秦淮风光带依法依标准管理的重要依据，2010年夫子庙秦淮风光带成功创建国家5A级旅游景区。

近年来，夫子庙秦淮风光带依据"城区即景区、旅游即生活"的全域旅游发展思路，积极打造美丽古都最亮丽的特色名片，以"打响文化旅游特色品牌"为核心，集中力量在"厕所革命"、改善游客中心、建设"夜宿秦淮"主题酒店群、兴建城市文化驿站等方面系统进行推动，有效丰富了景区的内涵。近年来，随着《夫子庙秦淮风光带风景名胜区总体规划（2016—2035）》的推出，从顶层设计层面对夫子庙秦淮风光带进行了统筹、规划和重新定位，将夫子庙秦淮风光带划分为一级[②]、二级、三级保护区进行分级保护（见表2-1），并将夫子庙秦淮风光带众多景点集中规划为四个大景区（见表2-2），分别为夫子庙—白鹭洲景区、门东—门西景区、大报恩寺—金陵兵工厂景区、朝天宫—评事街景区，通过系统规划做到有序发展、分区推进，特别是针对各类游览车停车困难问题，在现有的7处停车场基础上，筹划新增3处停车场。

表2-1 夫子庙秦淮风光带分级保护一览

区域	性质	面积（平方千米）	占比（%）
一级保护区	核心景区，是景区内人文景物最集中、最具观赏价值、最需要严格保护的区域，属于严格禁止建设区域	1.20	35.6%
二级保护区	核心景区周边具有较高游赏价值的区域，是风景名胜区的重要游览区域	0.75	22.2%
三级保护区	设施配套区，属于控制建设区域	1.42	42.2%

---

① 《南京市夫子庙秦淮风光带条例》于2009年10月23日在南京市第十四届人民代表大会常务委员会第十二次会议上制定，于2009年11月23日在江苏省第十一届人民代表大会常务委员会第十二次会议上批准。

② 一级保护区主要包括秦淮河、明城墙等古城区节点遗迹，以及中华门瓮城、甘熙宅第、瞻园、朝天宫、大报恩寺遗址、金陵兵工厂旧址、夫子庙等重要的古建筑群等。

表2-2　夫子庙秦淮风光带规划设立的景区

	名称	内容及特点	主要景点数量
1	夫子庙—白鹭洲景区	以"科举文化、民俗文化、夜游秦淮"为游赏主题，具有游赏、科普、民宿、体验等功能，包括夫子庙、瞻园、白鹭洲、秦淮河、明城墙5个游览区	33
2	门东—门西景区	以"三道瓮城、城河一体、名人故居"为特色，以"中华瓮城、明清建筑、畅游古今"为游赏主题，具有风景游赏、民俗体验、科普教育等功能，包括中华门瓮城、门东、门西、明城墙、秦淮河5个游览区	19
3	大报恩寺—金陵兵工厂景区	以"佛教文化、工业遗存"为特色，以"遗址奇观、大报恩塔、军事工业"等为游赏主题，具有文化体验、科普教育、风景游赏等功能，包括大报恩寺遗址公园和金陵兵工厂旧址2个游览区	7
4	朝天宫—评事街景区	以"博物展览、文化体验"为特色，以"官式建筑、居住文化、非遗文化"为游赏主题，具有展览、宣教、游赏、民俗体验等功能，包括朝天宫、甘熙故居、秦淮河和明城墙4个游览区	15

三、服务与管理主要特点

（一）持续提升公共服务能力

图2-1　自助取票机

一是完善游客中心、咨询点服务体系。夫子庙秦淮风光带近年来新建、改造游客中心及咨询点8个，2016年为应对快速增加的游客数量，按照《旅游景区游客中心设置与服务规范》（LB/T 011—2011）在夫子庙东牌坊、贡院街和平江府路交汇处新建游客中心一处，新建游客中心建筑面积330平方米，并设有单独的母婴及医疗救助服务室。在游客中心及主要咨询点，均设置了触摸式导览屏、Wi-Fi全覆盖、免费手机充电、自动取票（见图2-1）等服务，并配备了专职人员，提供各类旅游咨询服务。

　　二是纸质门票设计合理。虽然各种电子门票兴起，但纸质门票仍具有较多的实用意义，夫子庙秦淮风光带各景点所用纸质门票特点明显，比较具有纪念意义，纸质门票各类要素齐全且符合要求。例如，南京夫子庙（夫子庙—明德堂—中国书院历史陈列馆）门票（票价30元/人，见图2-2），门票正面突出夫子庙各类符号——建筑、孔子、景区标识等，套印了税务发票监制章，标注了发票代号、发票号码和票价；门票背面，清楚地标明了游览简图，并公布了咨询、投诉和紧急救援电话，并设有景点简介、游客须知、交通方位等信息。

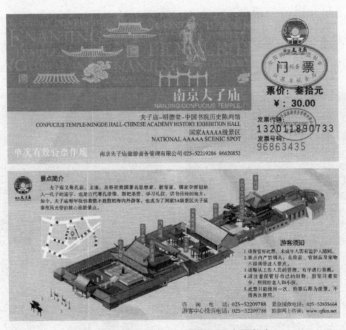

图2-2　夫子庙传统纸质门票（局部）

　　三是景区宣教材料美观、科学。景区宣传品主要是提供给游客的信息资料（如研究论著、科普读物、综合画册、音像制品、导游图和导游材料等），夫子庙秦淮风光带各类宣传品特色突出、品种齐全、内容丰富、文字优美、制作精美、适时更新。例如，南京夫子庙景点宣传资料，注重讲解历史文脉，用中英文表述，同时注重体现自身特点，并方便游客携带。

四是注重服务仪式营造互动氛围。为体现夫子庙秦淮风光带厚重历史氛围，在景区运营中注重迎宾仪式的打造，注重与游客的互动性，营造良好的旅游体验。例如，在南京夫子庙景点入口处，有专职员工穿着汉服欢迎游客，工作人员服务规范、举止文明、热情大方。

（二）特殊人群服务项目简洁适用

特殊人群服务包括残疾人轮椅、盲道、无障碍设施，以及老年人使用的拐杖、儿童使用的童车等。夫子庙秦淮风光带在游客中心提供轮椅、婴儿车等特殊人群设备。在主要游览通道中有效确保盲道、无障碍设施等特殊人群通道畅通，景区内大部分厕所还设有无障碍卫生间和母婴室等。特别是夫子庙秦淮风光带文物古迹众多，为了保护古迹，在相关建筑台阶处还搭建了简易的无障碍通道，在确保特殊人群使用的同时，也有效地保护了古迹（见图2-3）。

图2-3 简易无障碍通道

（三）安全防护、消防、救援工作管理有序

一是认真做好危险地带安全防护设施完善。不断加强危险区域安全防护设施建设，包括安全护栏、安全警示标示等，做到了齐全、有效。主要游览区域内各主要游览节点安全警告标志、标识做到了醒目、规范，起到了充分保护、提醒游客的作用，同时也最大限度地维护了旅游景区资源的安全，特别是在有危险性的地带均设有安全警示牌等，安全警告措施主要为各类安全标志及标示（见图2-4）。

图2-4　安全警告标识

　　二是做好消防、防火等设备日常管理和安全知识普及。夫子庙秦淮风光带有效落实消防、防火制度，切实保障景区的日常安全，特别是高度重视各类文物保护单位类景点的消防设备的完善，有效做到了齐备、完好、有效，并确定专人负责管理。认真做好日常消防、防火设备的点检制度，包括日常点检、定期点检和专项点检，并做到消防安全状况公示（见图2-5）。同时，不断加强全员消防安全"四个能力，三懂三会"等知识的学习和能力提高（见表2-3）。夫子庙秦淮风光带各景点灭火器普遍能够做到摆放整洁，并在灭火器周边制作了"灭火器使用方法"的标识牌（见图2-6），同时在重点区域设有微型消防站（见图2-7）。

图2-5　消防安全状况公示

表 2-3　消防安全"四个能力，三懂三会"

项目	内容
四个能力	检查和消除火灾隐患能力；组织扑救初期火灾能力；组织引导人员疏散逃生能力；消防知识宣传教育培训能力
三懂	懂得本岗位生产过程中或商品性质存在什么火灾危险；懂得怎样预防火灾的措施；懂得扑救火灾方法
三会	会使用消防器材；会处理火险事故；会报警

图 2-6　灭火器及其使用方法标识牌

图 2-7　微型消防站

三是建立完善的紧急救援体系。在保障救援工作顺畅、及时、快速的同时，采取多种途径有效公布内部救援电话（如门票、主要游览节点导览图等），并保证畅通有效，做到及时为游客提供救援服务。

（四）注重环境整洁与厕所建设

一是景区场地秩序规范。夫子庙秦淮风光带作为开放性景区，高度注重环境保持整洁，区域内无乱堆、乱放、乱建现象，各类施工场地维护完好、美观，区域内正在进行的施工现场具备较好的防护措施，并注意提醒游客施工现场请勿靠近（见图 2-8）。

二是完善垃圾管理。做到了垃圾管理有序，能够达到日产日清和及时流动清扫，垃圾清扫器具美观、整洁和实用。同时垃圾箱布局合理，与景观环境相协调，并合理安排垃圾收集点（见表2-4）。针对节假日游客暴增，节假日期间夫子庙秦淮风光带核心区实施"5分钟保洁"制度，确保将游客丢弃的垃圾5分钟内清扫回收。

图2-8　施工现场的维护

表2-4　夫子庙景点大成殿垃圾分类投放点一览

地点	可回收垃圾（桶）	其他垃圾（桶）	有害垃圾（桶）	脚踏式垃圾桶
大成门	1	1	1	
中心庙院	4	4		
大成殿后	1	1	1	
东阅读角				1
二、三展厅	1	1		
大观园院落	4	4		
大观园平台（状元廊）	3	3		
大观园办公室				3

三是加强厕所日常管理。近年来夫子庙秦淮风光带先后投入近5000万元实施"厕所革命"，新建、改造、提升126座公厕，实行24小时全天候免

费开放。不断加强厕所的日常管理，安排专门人员进行管理，注重定时清理、维护厕所设施，及时补充日常消耗品，健全管理制度，不断完善岗位职责，加强对厕所进行标准化、信息化管理（见图2-9）。节假日有序在北牌坊、乌衣巷等主要游客集散地设置移动公厕，节假日一旦出现如厕排队较多的现象，将有引导员分散人流至附近公厕。

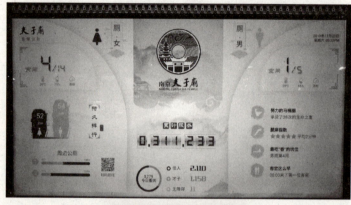

图2-9　景区厕所电子信息化服务及周边公厕位置

（五）持续推动夜间经济发展

一是优先打造夜宿秦淮。夫子庙秦淮风光带注重塑造游客的夜间需求与白天普遍观光的差异性，在充分利用秦淮河做活"水文章"打造"夜间秦淮"的基础上，积极推动了夜宿秦淮的有序发展。近年来重点打造了门东花迹酒店、门东隐南酒店、夜泊秦淮·君亭酒店等以"夜宿秦淮"为品牌的特色文化主题酒店群20余家，形成了夜宿秦淮的主体，并形成了有影响力的品牌效应，有效地提升了夜宿秦淮的推广。

二是注重夜间需求特色打造。除"夜宿秦淮"外，为了繁荣游客夜间生活，夫子庙秦淮风光带还陆续推动了"夜宴秦淮""夜购秦淮""夜娱秦淮"等品牌建设，适时推出了"乌衣巷"实景演出等夜间演出，营造多维的夜间体验形式，让夜间的夫子庙秦淮风光带也成为游客期待的游览目的地。同时，注重集中力量打造夜间经济聚集地，以集聚的形式发展夜间旅游和夜间品牌，近年来已经形成了"夫子庙—秦淮河—老门东""新街口—太平南路"两个夜间经济集聚片区，成为夜间消费的重点地区。

（六）全范围展示书屋文化

针对夫子庙为"天下文枢"的称号，秦淮区及夫子庙秦淮风光带在景区周边陆续完成文采书屋、王昌龄宴饮处等22处"转角·遇见"城市文化驿站，把文化驿站（书屋）打通成串联景区、社区的有机节点，使得秦淮区及夫子庙秦淮风光带在有效构建全民阅读圈的同时，也形成了独具风情的街头休闲文化景观网。2019年10月，联合国教科文组织批准66座城市加入教科文组织创意城市网络，其中南京入选"世界文学之都"，进一步加大了"夫子庙秦淮风光带书屋文化"等文化符号的魅力和特色彰显，成为吸引游客的重要文化符号之一。

（七）"秦淮礼物"独具特色

夫子庙秦淮风光带注重开发文创产品，不断推陈出新，使得产品更加符合当下游客的需求。南京夫子庙文化旅游集团有限公司以夫子庙秦淮风光带为主要销售场所，针对游客需求适时推出文化创意品牌——秦淮礼物，产品注重打造秦淮历史文化符号，推出了包括科技创意类、家居创意类、文化生活类等在内的旅游纪念品（旅游商品），有序推出了状元郎、秦淮夫子庙风光、科举博物馆、秦淮灯彩等系列，展现了良好的实用性和创意性，既打造了品牌，也取得了良好的销售效果。"秦淮礼物"中最受游客欢迎的是状元郎系列，该系列产品以科举文化为核心，以小状元卡通形象为产品核心，良好的寓意及憨厚的卡通形象广受游客欢迎。目前，"秦淮礼物"上下游合作单位已达到100多家，相关产业链已基本形成，产品不断丰富，且不断借助专业机构提升设计能力。特别是针对夜游秦淮等活动，"秦淮礼物"还及时推出了可佩戴的发光配饰等产品，助力"夜游秦淮"。

第二节　元上都遗址^①

一、基本情况

元上都遗址位于内蒙古自治区锡林郭勒盟正蓝旗，包括城址、驿站遗址、祭祀遗址及元上都城址相关墓地等。元上都是13—14世纪元朝的夏都，是草原文化与中原农耕文化融合的杰出典范，著名的意大利旅行家马可·波罗在《马可·波罗游记》中对元上都进行过详细的描述，元上都遗址被史学家誉为可与意大利古城庞贝相媲美的都城遗址。

元上都遗址1988年被公布为国家重点文物保护单位。2012年，第36届世界遗产委员会会议将元上都遗址列入《世界遗产名录》。2015年，元上都遗址被内蒙古自治区确定为14个优先建设的特色品牌旅游景区之一。2015年，元上都遗址（旅游区）被评定为国家4A级旅游景区。

二、大遗址^②的保护与旅游利用

元上都遗址的保护区包含了元上都城址、羊群庙祭祀区、砧子山墓葬

---

① 本案例资料由锡林郭勒盟元上都文化遗产管理局提供。

② 大遗址主要包括反映中国古代历史各个发展阶段涉及政治、宗教、军事、科技、工业、农业、建筑、交通、水利等方面历史文化信息，具有规模宏大、价值重大、影响深远特点的大型聚落、城址、宫室、陵寝墓葬等遗址、遗址群及文化景观。大遗址保护是"十一五"期间国家文物局正式提出的新时期文物保护战略之一，元上都遗址属于大遗址。

区、卧牛石墓葬区、一棵树墓葬区、东凉亭遗址和四郎城遗址共7处遗址遗迹。元上都城址的保护区划分为两级，即保护范围和建设控制地带，其中保护范围又分为重点保护区和一般保护区。元上都城址的保护范围占地面积为6254.64公顷，其中重点保护区占地面积4085.13公顷，一般保护区占地面积为2169.51公顷。建设控制地带总面积为19427.41公顷，重点保护区又称核心保护区，现有铁丝围栏全封闭式保护。

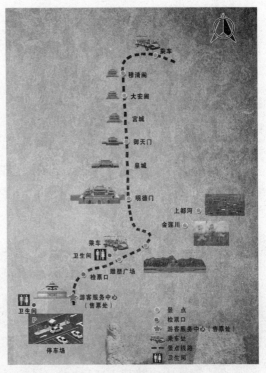

图2-10　全景图（局部）

元上都遗址（旅游区）拥有深厚的历史文化价值、浓郁的民族文化和优越的自然资源优势，自元上都遗址2012年列入《世界遗产名录》以来，有力促进了当地文化与旅游的深度融合，对地方经济发展起到了极大的促进作用。目前，元上都遗址（旅游区）包括核心区域元上都遗址（见图2-10）及元上都遗址博物馆两大区域，以通景道路为纽带，实现了景区的环线游览。

三、服务与管理主要特点

（一）设立专门管理机构

2012年元上都遗址申遗成功后，针对元上都遗址游客人数逐年增多的情况，为了进一步确保元上都遗址保护、考古、展示、宣传、管理工作有序进行，经内蒙古自治区编委2015年第一次会议研究，同意将元上都遗址文物事业管理局更名为锡林郭勒盟元上都文化遗产管理局，为隶属于锡林郭勒盟文化局的副处级事业单位。锡林郭勒盟元上都文化遗产管理局的成立，有利于协调同世界遗产保护组织及国家、内蒙古自治区文物主管部门的工作关系，进一步加强元上都遗址的保护管理工作。

（二）高起点、高标准规划旅游

在确保元上都遗址文物安全的前提下，在保护遗址的同时，为促进景观的有序开发，当地政府先后出台了《元上都遗址保护办法》《元上都遗址景区旅游管理办法》，启动实施了《元上都遗址旅游开发利用规划》，强化旅游规划和服务的落实。特别是 2017 年经批准的元上都遗址旅游基础设施建设项目的实施，总投资 1277 万元，集中资金对城址内参观道路、标识标牌、环保厕所、游客休息帷帐、休闲座椅等进行系统的完善和更新，该项目将在 2020 年全面完工，将实质性促进元上都遗址（旅游区）的基础设施完善。

（三）注重环境综合整治

早在 2000 年为了确保元上都遗址完整性保护，地方财政筹资 2000 余万元搬迁了遗址内农牧户 103 户，并对周边环境进行了整治。2009 年以来，累计搬迁了遗址规划范围内 340 座近现代坟墓，拆除了原有木栈道、遗址大门、苗木基地、淀粉厂、忽必烈夏宫旅游点，对可视区内山体及乌兰台敖包、乌和尔沁敖包进行了修复，搬迁了 92 户散居农牧户，退耕还草 12005 亩，有效地实现了遗址保护和景观恢复。

（四）大力推进旅游标准化工作

一是游客中心服务完善。考虑到元上都遗址的特殊性，游客中心采用环保方式——蒙古包形式，打造为游客提供信息、咨询、游程安排、讲解、休息等旅游设施和服务功能的具有民族风格的专门的综合服务场所（见图 2-11）。现有游客中心选址与已批复的各类规划高度协调，不破坏旅游景区景观，游客中心配备了咨询设施、展示宣传设施、休息设施和特殊人群服务设施。游客中心服务人员和讲解人员服务规范，在工作时间做到统一着装（见图 2-12）、佩戴统一的徽标胸牌，导游员（讲解员）人数及语种能满足游客需要，导游（讲解）词科学、准确、有文采，讲解服务在规范化的同时，兼具较强针对性（详见《元上都遗址解说词（节选）》）。

图 2-11　蒙古包形式的游客中心及内部设施

图 2-12　讲解人员规范着装

元上都遗址解说词（节选）

　　游客朋友们，大家好！欢迎大家来到闻名遐迩的大元帝国根基所在地、一座拥有700多年历史的草原帝都、内蒙古自治区唯一一处世界文化遗产所在地——元上都遗址。这座经历了700多年风雨的都城，曾经见证了六位元朝皇帝称汗的时刻，见证了十一位元朝皇帝理政的景象，这里曾经创造了我国1200万平方千米最广袤的疆土，这里曾经确立了现在我们仍然沿用的行省制度，这里的每一寸土地都承载了灿烂的中华文明。现在就由我带领大家一起来感受它的辉煌历史和灿烂文化。

　　我们现在已经进入了皇城，皇城是朝廷办事机构和宫廷服务机构的集中区域。平面近方形、围合于宫城四周，东西宽约1410米，南北长约1400米，面积约164公顷。全城共设6门，南为明德门，北为复仁门，东、西分别称作东门、小东门和西门、小西门，各门外皆筑有方形或马蹄形瓮城。四墙外侧均设马面，四角建有高大角楼，军事防御功能较为完备。建筑以官署和寺庙为主，城内四隅分布有乾元寺、华严寺、孔庙等宗教建筑，今地表可见的高台夯土建筑基址有20余处。

　　大家请向西看，远处有树木的地方再向西就是西关厢，西关厢位于外城西门外，南北宽约2200米，东西长约2000米，地表遗迹分布面积约266公顷。外城西门是普通百姓进出的重要通道，也是上都城最主要的对外交通出入口，向西有道路通往桓州驿站，进而通往大都与哈剌和林。西关厢设有"马市""羊市""牛市"，店铺林立、商贾云集，是元上都最重要的商业活动区，元代诗人就有"西关轮舆多似雨"的生动描述。过去草原主要运输工具是勒勒车，它的轴辘是木制的，为了耐用常用铁条加固，车轴辘反射的光像下雨一样。与西关厢相对的就是东关厢，东关厢位于皇城东墙的东门和小东门外，东西宽约1300米，南北长约2000余米，地表遗迹分布面积约400公顷。东关厢是到元上都觐见大汗的王公贵族、元朝官员和朝觐者的聚居地，帐幕云集，元朝疆域横跨欧亚大陆，面积达3600万平方千米，统治70多个国家、400多个民族，每年夏季，各地的朝觐者都要来元上都，元代诗人就有"东关帐房乱如云"的生动描述。目前，东关厢所发现的建筑遗迹多为自由散布的小型民居，偏北处有大型院落、官署和仓库等。

　　我们现在进入了宫城，也是元上都最核心的部分，宫城是皇帝朝政和起居生活的空间，主要宫殿、楼阁均位于其内，位于皇城中部偏北处，与皇城构成"回"字形格局。平面呈长方形，东西宽542米，南北长605米，面积约32公顷。全城共设3门，南为御天门，东、西分别为东华门和西华门，构成"丁"字形道路格局，元代诗人就有"东华西华南御天，三街相对凤池连"的描述；街道环绕其外布置。建筑布局以宫城北墙的阙式建筑（穆清阁）、正中的方形台基（大安阁）和御天门为南北中轴线，其余建筑均随形就势自由分布于两侧。

　　二是标识系统特色明显。元上都遗址（旅游区）标识系统，如导览图、景物（景点）介绍牌、指示牌等，注重结合自身特色进行设计（见图2-13）。特别是景物介绍牌、指向牌图案应直观明了、雅致大方，其标识材质、外观和风格要与元上都遗址（旅游区）特色、环境协调一致。

图2-13　旅游标识系统

　　三是不断完善监控、消防等安保体系。元上都遗址（旅游区）根据自身要求及高等级旅游景区监控特点，优化和完善了数字化视频监控系统，将数字化视频图像记录与多画面图像显示功能和监视报警功能结合在一起（见图2-14），有效做到了实时监控进入旅游景点的人数、车辆并进行跟踪监管，并能够及时发现安全隐患进行及时排除。元上都遗址（旅游区）高度重视安全防范工作，成立了机动车巡逻队、执法大队，组建了草原防火工作站、马背文物保护（消防）队等，给景区所有机动车配备了灭火设备等，做好充足准备随时应对紧急情况。同时，为了切实做好消防安全工作，提升消防安全处置能力，长期与消防部门合作，定期开展消防安全应急演练和消防安全大讲堂，为元上都遗址（旅游区）景观保护奠定了坚实的基础性工作。

图2-14　监控系统

四是注重对景观的保护。对区域内文物古迹积极利用科学手段进行有效保护，有效预防自然和人为破坏，采取切实措施防止游览活动对文物古迹的二次损坏（见图2-15）。元上都遗址（旅游区）注重以建设资源节约型、环境友好型旅游景区为核心，在确保"低碳、清洁、环保"的前提下，积极采取措施，推广使用清洁能源，加大保护景区环境，景区内无破坏环境的设施、设备，景区观光车、旅游厕所均达到环保标准（见图2-16、图2-17）。特别是元上都遗址（旅游区）所使用的环保电动车，适合当地旅游旺季风雨较多的情况，加装了防风雨的外帘，既环保又不影响游客观光。

图 2-15 为保护遗址在游览线路上铺设的木栈道

图 2-16 游览使用的环保电动车

图 2-17　环保厕所

（五）多维宣传体系初步建立

注重打造宣传精品活动。近年来，元上都遗址（旅游区）开通了官网、官微，有序组织了多项宣传活动，如开展了申遗宣传标语有奖征集活动及中小学生征文、演讲、绘画比赛，与教育部门共同编制了《爱我元上都》（蒙、汉文版）中小学生校本读物。制作并多种途径发放了《元上都申遗 500 问》《元上都遗址画册》、宣传折页、宣传挂历等。注重在主流媒体进行宣传工作，如在《内蒙古日报》《北方新报》及内蒙古电视台、广播电台等媒体开设专栏进行专题报道。

注重开展合作营销模式。一是配合当地宣传部门（锡林郭勒盟、正蓝旗）及其他新闻媒体到访元上都的有利时机，不断加大元上都的宣传力度，累计发布新闻、专题报道等 3000 余条；二是配合"中国影响地理"摄制组完成了世界文化遗产元上都的拍摄工作，并在多家媒体报道；三是积极参加中国世界文化遗产旅游联盟年会活动，进行内蒙古文化与旅游融合发展推介活动；四是利用每年的"4·17"国际古迹遗址日、"5·18"国际博物馆日、元上都遗址成功列入《世界遗产名录》纪念日、草原文化遗产日等组织开展了丰富多彩的主题和庆祝活动；五是积极配合锡林郭勒盟旅游局、正蓝旗政府、正蓝旗旅游局组织的各项旅游、宣传活动。

（六）努力打造优质服务质量团队

元上都遗址（旅游区）人才队伍的建设注重采用请进来、走出去的方式，进行长期的、系统的培训学习。一是对全体职工开展历史知识和服务技能提高培训，每年都利用旅游淡季时间对讲解人员和其他工作人员进行历史知识和旅游接待礼仪等的培训，通过活动提高了员工的历史专业知识和讲解水平，为元上都遗址（旅游区）讲解、对客服务工作提升打下了坚实的基础；二是注重派员参加各级、各类、各地方的培训，近年来累计达 50 多期次，通过培训进一步增强了相关岗位人员的服务意识、责任意识，达到了良好的培训效果；三是与北京、西安等地高等院校合作，开展"人才培育工程"，定向培养专门人才；四是自办培训积极聘请专家授课，特别是对元朝的历史文化、讲解人员的礼仪、肢体语言等方面进行了重点讲授。

（七）积极带动和融入当地旅游发展

"十三五"规划实施以来，围绕世界文化遗产"元上都遗址"，着力推动由原来的单一项目、片面区域和淡旺分季的局面向富民产业、全域旅游和四季旅游发展。在品牌塑造上，注重和所在地——正蓝旗旅游发展目标、思路[①]的协调一致性。由此，元上都遗址（旅游区）立足把文化遗产资源和民族特色资源等转化为优势特色，大力发扬和传承民族优秀文化，全力推动四季旅游和全域旅游的发展，从申遗成功（2012 年）至 2019 年，元上都遗址（旅游区）累计接待中外游客约 300 多万人，对正蓝旗乃至锡林郭勒盟旅游业的发

---

① 正蓝旗确定了依托历史文化、自然生态、地理区位和交通通达四大优势，围绕世界文化遗产"元上都遗址"这一核心、打造以草原民俗文化为突出特征的北部浑善达克沙地旅游区和以历史文化遗存为突出特征的南部金莲川草原旅游区两大区域，确立"浑善达克"春季那达慕、夏季"中国·元上都"文化旅游节、秋季中国查干伊德文化节、"浑善达克"冬季那达慕和元上都国际"贵由赤"比赛五个品牌，实现打造成为国内外知名旅游目的地这一目标的旅游业发展思路。

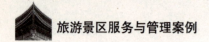

展起到了积极的带动作用，特别是借由元上都国际"贵由赤"①比赛，有力地推动了正蓝旗旅游业的健康、快速、协调发展。

---

① "贵由赤"比赛起源于元代（蒙古语寓意为速跑者），元世祖忽必烈为了培养禁军战士的体力和耐力，以"贵由赤"赛跑的方式来考查兵卒的训练成绩。"贵由赤"比赛形式与现代马拉松长跑比赛相同，但比马拉松赛早600年，赛程还要长一倍多。"贵由赤"是古代劳动人民所创造的优秀体育文化的重要代表，内蒙古锡林郭勒盟正蓝旗作为"贵由赤"文化的发源地，拥有得天独厚的自然历史条件，是举办"贵由赤"长跑赛事的理想地点。2009年以来，正蓝旗先后举办了四届元上都杯"贵由赤"长跑大赛，2017年改名为元上都国际"贵由赤"长跑赛。为进一步传承和弘扬民族传统特色文化，营造全民健身浓厚氛围，以文体活动促进旅游业发展，2018年比赛首次冠名"内蒙古贵由赤国际长跑赛"名称。

第三章
历史街区类旅游景区

第一节　连云港老街 ①

一、基本情况

连云港老街位于江苏省连云港市连云区，又称"连云老街""连云古镇"，为连云港市的历史发展变迁中的四条老街（海州古城、民主路文化街、连云港老街、南城六朝一条街）之一。老街自 1933 年连云港建港形成，历经多年发展，已经成为具有一定自然特色和人文积淀的海边石街，经过系统建设和完善，连云港老街景区于 2016 年 5 月 1 日正式对游客开放，其鸟瞰图如图 3-1 所示。连云港老街占地面积约 6500 亩，目前实际经营区域主要由云台路、胜利路、临海路和中山东路合围的约 600 亩区域。营业项目包括 8 个展馆、2 个餐厅、2 个商业售卖点及光影秀《天海传奇》，实际经营的 8 个展馆含 5 个收费展馆、3 个免费展馆。自营项目包括：朱家大院精品酒店、老码头海鲜城、1933 西餐厅（音乐餐吧）、奥特莱斯购物中心等。

图 3-1　连云港老街鸟瞰图

---

① 本案例资料由北京巅峰智业旅游文化创意股份有限公司提供。

（一）陇海铁路历史博物馆

陇海铁路历史博物馆前身为连云火车站。连云火车站始建于1935年6月，大楼地上三层高17米，地下一层。钟楼（含地下室）高40米，装有大钟，钢筋混凝土结构，建筑面积3000平方米。该楼原为连云港港口和车站共用，整个建筑庄重而典雅，车站大楼是陇海铁路建筑中的经典，一直是连云港的标志性建筑。2001年被公布为连云港市第三批文物保护单位，2012年被公布为江苏省第七批文物保护单位。目前已被改造成陇海铁路历史博物馆（见图3-2），主要展示陇海铁路的历史沿革，以及铁路文化内涵，设有多项参与性活动。

图3-2　陇海铁路历史博物馆

（二）连云港港口历史博物馆

连云港港口历史博物馆主要展示连云港港口发展的历史。馆内布展突出了面对新的形势、机遇和任务，连云港港口以港口、产业、城市统筹发展为着力点，以打造中西部地区便捷高效的出海通道、集装箱干线港、全国重要的综合交通枢纽和物流中心为目标，以"一体两翼"组合大港规划为引领，加快建设成为辐射带动能力强的新亚欧大陆桥东桥头堡。

（三）连云港老街历史文化馆

连云港老街历史文化馆原址是海军 79 大队的礼堂，重点展示连云港老街的发展历史及人文特点。

（四）民俗工艺馆

民俗工艺馆建立在原连云农民银行旧址上，目前已恢复民国时期的原貌。内部共设面塑馆、根雕馆、葫芦烫画馆、剪纸馆、连环画收藏馆、嘉连玉器展品馆、宣纸烙画等展馆。通过传统的民间艺术和工艺，向广大游客展示博大精深的中国民俗文化，增强民族的认同感，强化民族精神，塑造民族品格，同时民俗工艺馆也是连云港市非物质文化遗产传承基地。

（五）汪恕有醋文化展示馆

汪恕有醋是商务部认定的中华老字号，起源于清康熙十四年（1675 年），清代著名诗人、美食家袁枚在其烹饪名著《随园食单》中将其称之为"以板浦醋为第一"。汪恕有醋以优质的高粱和独特的传统固态发酵工艺酿制而成，味美津香，口感纯正，酸而不涩，在我国诸多名醋中别具一格，其时代传承的酿制技艺已列入江苏省级非物质文化遗产，是传统制醋行业的一枝奇葩。

（六）西游记文化藏品馆

西游记文化馆的原址为新华书店，馆内陈列了齐亚平先生历经 40 多年收藏的各种不同材质、经过艺术家及民间艺术艺人精心设计、精雕细琢、塑造而成的形象各异、栩栩如生的《西游记》文化人物藏品，以及不同时代出版的书籍、绘画等，集艺术性、趣味性，娱乐性于一体，充分展示了西游记文化的独特魅力。

（七）武宜友扑克收藏馆

武宜友扑克收藏馆是中国优秀扑克收藏馆之一，展馆面积 300 多平方米，为二层石头楼房。收藏馆藏有武宜友收藏的中外扑克牌 1 万多种、2 万多副（套），以及扑克衍生物 1 千多种。其中有世界最大的水晶扑克王牌、世界唯一的全套锻铜西游记扑克。展馆由 7 个展厅、藏友交流室、多功能活动室、销售中心组成。常年展出武宜友收藏的扑克牌、衍生物和各种扑克集藏活动

的纪实及纪念品，经常举办各类扑克交流活动、扑克表演，举办全国藏友的
个人扑克展和讲座，同时也为连云港藏友提供交流的场所。收藏馆以推广扑
克收藏活动为己任，普及扑克知识，宣传扑克文化。目前为江苏扑克收藏俱
乐部办公场所、中国扑克收藏专委会、连云港市收藏家协会活动基地。

（八）非洲艺博馆

连云港老街非洲艺博馆原址是海防司令部，整个展馆面积有 300 平方米，
集中展示撒哈拉以南、南非以北的非洲文化艺术品。展示的艺术品以陶雕、
木雕、牙骨雕、铜雕为主。

（九）中国民间藏宝馆

中国民间藏宝馆位于临海路，面积 800 平方米，主要收藏工艺品、古玩、
字画等民间艺术藏品。

（十）老码头海鲜城

老码头海鲜城位于连云港老街七一广场内，是以民国风为主题的特色海
鲜饭店（见图 3-3）。建筑面积约 2000 平方米，可一次性接待就餐人数 500
余人，以让游客品尝到既新鲜美味又物美价廉的海鲜大餐为主要体验内容。
老街老码头一楼以传统特色餐厅为主题，二楼是接待团餐为主的大型餐厅，
三楼是员工食堂，四楼为包厢会客餐厅。

图 3-3　老码头海鲜城

（十一）朱家大院精品酒店

2017年朱家大院复建为精品酒店，设有客房20间，主要是以豪华套房和大床房为主。房间设置展现出复古的装修风格和高品质的民国家私、灯具等，以还原民国时期的精致生活风貌为主要装修风格，客房采用高端智能化科技控制系统，让游客既能领略到现代的科技智能与便捷，又能享受到别具风情的闲适舒缓。

（十二）1933西餐厅

1933西餐厅以复古风装潢风格为主，注重时代感与舒适感的结合，以突出温馨浪漫情调为核心（见图3-4），并聘请知名西餐厨师，以呈现高品质西餐为特点。

图3-4　1933西餐厅

（十三）1933 音乐餐吧

1933 音乐餐吧是主打民国风情的音乐餐吧，一楼为大堂和散台，二楼高度还原各种民国场景，以打造民国风"网红打卡地"为主要卖点。

（十四）光影秀《天海传奇》

《天海传奇》系华东首家大型沉浸式魔幻主题光影秀，讲述了人鱼公主和海盗船长不畏重重艰险，勇战黑巫师，最终让海洋重现和平与光明的故事。

二、开发历程

老街开发过程中，注重保护现有特色民居和历史建筑，秉承"修旧如旧"理念，以"让历史文化得以保存，城市记忆可以延续"为主要目标，以打造"文化深厚、经济繁荣、风景优美、社会和谐"的新兴旅游景点为核心进行系统建设。

2013 年，以"陆桥起点、老窑港埠、山海石城、中西杂糅"为特色定位的老街修建性详细规划获得连云港市委、市政府批准，确定老街开发范围位于连云街道核心区，范围涉及云台、临海、胜利三个社区，面积为 40.47 公顷。

2015 年起，老街工程建设开始有序推进。完成了连云老街至后云台山游步道建设，并于 2015 年 3 月前完成 369 台阶、防腐木、防腐木安装、攀岩等项目的招投标手续；建成连云老街东西标志性大门；停车场（磨刀堂）2 个月内完成设计、招投标工作，2015 年 5 月完工；铁路公园围绕铁路景观，做好围墙、大门等景观设计完成；利华巷入电工程亮化、智能化、出新工程的完善工作；做好水街后续工程，新建的 B 区于 2015 年 3 月完工；G、H 区查漏补缺，做好天井、走道条石铺装；临海路、云台路三个石库门进行扫尾工作，并对老街绿化进行补栽工作；于 2015 年 5 月完成民俗工艺馆、扑克牌馆、非洲艺博馆三馆的布展工作和展馆内的标识系统，如安全通道指示牌、路标等，并完成了展馆门票方案。

2016 年，老街完成了规划一、二期工程开发。陇海路铁路博物馆、连云港老街历史文化馆等 10 个展馆投入运营。2016 年，老街扫尾工程、老街水街续建等项目完成，建设老街至二桅尖游步道、A 级厕所 1 座；完善旅游标示标牌及景区旅游配套设施。随着各项建设工作的基本完成，连云港老街景区于 2016 年 5 月 1 日正式对游客开放。

三、服务与管理主要特点

（一）注重体现特有文化气息

一是深刻挖掘文脉。以"老街历经风雨沧桑，见证大港崛起"为核心，不断整理连云港老街文脉，打造老街文化符号。二是有序挖掘老街历史遗存，结合石屋、石墙、石街、石路遍布的特点，系统完善日式民居、上海大旅社、连云港人民影剧院等民国时期的遗存建筑，充分反映了日军侵华、连云港保卫战、国民党黄安舰起义等不同时期连云港的历史沧桑，以逐步呈现近现代人文历史为核心，不断扩大景区文化影响力。

（二）积极发挥传统营销途径

针对团队旅游开展订单式营销，近年来与近 20 家旅行社签订《天海传奇》光影秀、老街展馆合作协议，拓展分销商渠道，建立客户档案，开拓本地市场，为老街项目营收提升打下坚实基础。同时注重在主要时间点投放广告，做好定点营销体系，逐步扩大营销层级及范围（见表 3–1），不断助力营销渠道有序拓展。

表 3–1　2018 年老街广告图文设计

序号	投放项目	设计稿 / 件	备注
1	老街物流公司广告机	138	用于 1933 西餐厅、1933 酒吧、老码头海鲜城、朱家大院精品酒店等
2	"全员营销"朋友圈转发	68	节日、节气宣传
3	海发集团 / 老街电子大屏	63	实际设计 126 张，剩余筛选用
	总计	269	

（三）注重融媒体宣传渗透

通过各类融媒体途径不断加强整个景区的日常宣传及重要节庆宣传。例如，2018年老街对外宣传曝光量达621228次，老街自媒体曝光量达979809次，文旅集团朋友圈广告曝光量达6454532次，共计曝光量达8055569次（见表3-2、表3-3），这些多途径的宣传，有力地提升了老街的知名度。

表3-2　2018年老街对外宣传及效果（传统媒体及微信）

序号	宣传媒介名称	宣传次数	浏览量	具体业务
1	连云港大港城	2	27116	1次头条 1次次条
2	连云港吃喝玩乐	3	44163	3次头条
3	墟沟微生活	6	63805	5次头条 1次次条
4	连云港头条	2	23065	2次头条
5	连云港吃货平台	2	20399	2次微博单条
6	连云港吃货小妖	1	10231	1次微博单条
7	聚焦连云港	2	8637	2次微博单条
8	黄金海岸线移动广告车	7	75000	广告车轮播7天
9	太阳传媒车顶广告	7	93550	市内出租车顶灯7天
10	90.2音乐广播	7	115334	主持人口播 15/20s广告轮播
11	102.1新闻综合	7	139928	新闻早高峰 新闻晚高峰 15/20s广告轮播
	小计		621228	
12	文旅集团朋友圈广告	8	1830268	（4.21—4.28）曝光量
13	文旅朋集团友圈广告	9	205613	（5.24—6.1）曝光量
14	文旅集团朋友圈广告	4	1878700	（6.13—6.16）曝光量
15	文旅集团朋友圈广告	3	279224	（7.8—7.10）曝光量
16	文旅集团朋友圈广告	3	1233845	（8.18—8.20）曝光量

续表

序号	宣传媒介名称	宣传次数	浏览量	具体业务
17	文旅集团朋友圈广告	3	1026882	（9.27—9.29）曝光量
小计			6454532	
总计			7075760	

表3-3　2018年老街对外宣传及效果（自媒体）

序号	宣传媒介名称	宣传次数	浏览量	备注
1	连云港老街官方抖音	48	870424	24000赞 4217粉丝
2	连云港老街官方微博	13	65743	8212粉丝
3	连云港老街官方微信公众号	76	35249	407赞 3014粉丝
4	1933酒吧微信公众号	19	8393	66赞 962粉丝
总计		156	979809	

（四）以节庆活动包装景区带动人气

老街自投入运营以来，高度重视节庆活动，以活动提升人气，带动区域发展，这些活动的开展对老街民国街区氛围起到了促进作用，游客互动性也得到了很大的提升，达到了吸引游客、留住游客的目的。例如，2018年策划并执行"天海传奇新改版首映活动""百年老街邀您穿越民国"等11场主题活动（见表3-4），吸引人气达158500人次；为充分展示老街传统民俗文化，举办了端午节民俗活动（见图3-5），让当地市民及外地游客与民俗表演活动零距离，感受到节庆氛围；为了丰富老街文化活动，提升老街文化内涵及七一广场活动上座率，举行了老街交响音乐会活动（见图3-6）；为了开拓并打造老街夜游经济，提升街区节日氛围，增加营业增长点，举办了国际海港夜市开幕式（见图3-7）；为了增加老街主题代入感，举办了"百年老街邀您民国穿越"国庆节活动（见图3-8）。

表 3-4 2018 年老街主题活动及效果概览

序号	活动名称	活动时间	活动效果
1	"天降财神"春节系列活动	2.15—2.21	25000 人次
2	"三月有约"优雅女神节	3.7—3.9	2000 人次
3	"五一去哪嗨,老街等你撩"	4.29—5.1	12000 人次
4	"感恩母亲节"	5.12—5.13	1500 人次
5	全国旅游日	5.18—5.20	5000 人次
6	"520 表白日,相约 1933"	5.20—5.21	8000 人次
7	"粽情端午"端午系列活动	6.16—6.18	8000 人次
8	国际海港美食节	7.13—7.17	38000 人次
9	天海传奇光影秀改版首映	8.16—8.18	16000 人次
10	中秋人团圆系列活动	9.22—9.24	8000 人次
11	百年老街邀您穿越民国	10.01—10.07	35000 人次
总计			158500 人次

图 3-5 老街端午节民俗活动

图 3-6　老街交响音乐会活动

图 3-7　国际海港夜市开幕式

图 3-8　"百年老街邀您民国穿越"国庆节活动

第二节　福州三坊七巷 ①

一、基本情况

三坊七巷历史文化街区位于福建省福州市鼓楼区，占地约 40 公顷，由三个坊、七条巷和一条中轴街肆组成，分别是衣锦坊、文儒坊、光禄坊及杨桥巷、郎官巷、塔巷、黄巷、安民巷、宫巷、吉庇巷和南后街，因此自古就被称为"三坊七巷"。2015 年，三坊七巷历史文化街区被评定为国家 5A 级旅游景区。

三坊七巷起于晋，完善于唐五代，鼎盛于明清，古老的坊巷格局至今基本保留完整，被称为中国都市仅存的一块"里坊制度活化石"。三坊七巷历史文化街区保存有 200 余座古建筑，其中全国重点文物保护单位有 15 处，省、市级文保单位和历史保护建筑数量众多，被誉为"明清建筑博物馆"，自晚清至民国初年，从这里走出了林则徐、沈葆桢、严复、林觉民等大量对中国近现代进程有着重要影响的人物，也被誉为"近代名人聚居地"。

二、主要运营方式

三坊七巷历史文化街区由福州市三坊七巷保护开发有限公司运营，公司成立于 2008 年 11 月，公司注册资本金 5000 万元，为福州文投集团下属国有独资企业。公司主营房地产开发、房屋租赁、物业管理；旅游产品开发、经营、销售；国内旅游业务，组织接待国内外旅游团队服务。主要负责三坊七巷、朱紫坊和上下杭历史文化街区的保护修复与开发利用工作，积累了丰富的历史文化街区保护修复和市场开发经验，被联合国教科文组织授予年度亚太地区文化遗产保护荣誉奖，实现了良好的经济效益和社会效益。福州市三坊七巷保护开发有限公司目前内设综合办公室、党群工作部、人力资源部、

---

① 本案例编写参考了三坊七巷官方网站（www.fzsfqx.com.cn）、官方微信公众号（sanfqx）等相关资料。

财务部、工程管理部、安全生产部、文化旅游部、企业管理部、纪检监察室、内审部、资产管理部 11 个部门，并拥有全资子公司 5 个，包括福州市三坊七巷物业服务有限公司、福州市坊巷建筑工程有限公司、福州市上下杭保护开发有限公司、福州市朱紫坊保护开发有限公司、福州市三坊七巷（街区）保护开发有限公司。

三、服务与管理主要特点

（一）积极融入本地化生活

三坊七巷历史文化街区为开放性景区，大部分景观不收费，只有部分景点需要买票进入。为方便福州市民及常住人口（已领取居住证人员）的游览，三坊七巷历史文化街区推出了景区年卡（分为家庭卡和个人卡，见表 3-5）。持年卡可参观以下景点：严复故居、水榭戏台、小黄楼、林聪彝故居、郭柏荫故居、刘家大院、谢家祠、刘齐衔故居，有效期为一年。

表 3-5 三坊七巷历史文化街区景区年卡基本信息

类别	要求与适用	价格	办理方式
家庭卡	以家庭为单位的福州本地市民（含六区一市六县）及常住人口（申办对象中一人持有福州本地身份证或福州市常住人口居住证即可）可凭户口簿或结婚证等有效证件办理，适用于一家三口	85 元 / 年·张	申办对象中可一人携带 2 寸全家人合照及有效证件予以办理，委托办理的带上申请办理家庭成员 2 寸合照及有效证件予以办理
个人卡	凭福州本地身份证、户口簿（含六区一市六县）或福州市常住人口居住证等有效证件办理，适用于本人	30 元 / 年·张	本人携带有效证件及一寸彩照即可办理，委托办理的带上申请人身份证原件或一寸彩照加身份证复印件即可办理

（二）创造品牌，引导消费

三坊七巷历史文化街区以做强"闽都文化旅游品牌"为核心，不断打造活力街区形象，积极建设智慧旅游景区，充分利用科技手段从历史、文化、商业等方面让游客感受到智能街区带来的便利，有力促进了旅游消费的提升。

2019 年中国社会科学院财经战略研究院和美团点评联合课题组发布中国景区旅游消费便利度指数（Travel Convenience Index，TCI[①]），三坊七巷历史文化街区入围全国 5A 免费景区 TCI 30 强，位列第 9 位（见表 3-6）。例如，通过大数据整理，实时发布信息，让游客能够实时掌握景区停车余位、车流量，并对公厕客流量、异味检测等进行实时监测，方便游客游览，积极开展各类文艺活动（见表 3-7），满足更多游客对个性化、多元化旅游产品和服务的需求。

表 3-6　全国 5A 免费景区 TCI 名单（部分，2019 年）

排名	景区名称	城市
1	西湖风景名胜区	杭州
2	钟山风景区	南京
3	广府古城景区	邯郸
4	韶山景区	湘潭
5	金鸡湖景区	苏州
6	三峡大坝	宜昌
7	青岛仰口风景游览区	青岛
8	丽江古城	丽江
9	三坊七巷	福州
10	朱德故里景区	南充
11	岳麓山风景名胜区	长沙
12	邓小平故里	广安
13	云龙湖旅游景区	徐州
14	金石滩国家旅游度假区	大连
15	五爷庙	忻州

[①]　TCI 是国内首个衡量旅游消费便利度的量化指标，主要涉及信息获取、交通、入园、游玩等 4 个环节。TCI 得分越高，意味着景区的经营管理环境越有利于消费者旅游和消费。

表 3-7　三坊七巷一周文艺活动指南（2019.9.7—2019.9.13）

序号	活动名称	活动时间	活动地点	是否收费
1	坊巷·仲秋夜	9月13日农历中秋节 19：30—21：30	三坊七巷衣锦坊水榭戏台	一人独酌体验券：88元/人 团圆双人体验券：160元/双人
2	古筝、琵琶表演	7月22日—9月30日 19：00-20：00	黄巷小黄楼	免费
3	伬艺、闽剧、评话、十番等表演	7月22日—9月30日 19：00-20：00	水榭戏台	免费
4	"玉轮照霓衫，诗月逢桂香"中秋民俗诗月会	9月12日	福建民俗博物馆	免费
5	闽艺匠心雕刻艺术作品展	8月31日—9月8日	福建省海峡民间艺术馆	免费
6	镜鉴春秋——常熟博物馆藏历代铜镜展	8月22日—9月16日	福建民俗博物馆临展厅	免费

（三）打造夜间旅游经济

三坊七巷历史文化街区积极推进夜景灯光提升项目，并延长部分院落景点的夜间开放时间，同时配套夜间场馆活动，如举办闽剧、伬唱、琵琶演奏等展演，为市民和游客营造了浓厚的夜游氛围，努力营造"白＋黑"全天候旅游闭环。

（四）发挥传统节庆魅力

三坊七巷历史文化街区不断挖掘传统文化魅力，大力塑造具有影响力的文化旅游品牌。自2018年开始，三坊七巷历史文化街区接连举办了两届花市，对福州地区农历新年"买花"风俗进行了系统挖掘。以第二届三坊七巷新年花市为例，自2019年12月28日至2020年1月4日历时8天，吸引了超过15万的市民、游客前来游览、购买，在营造好"买花"的传统习俗的同时，还融合花车巡游、花卉展、插花艺术、文创等各种元素，塑造具有福州特色的迎新仪式感。同时在花市期间，在明清古厝——小黄楼、水榭戏台举办"巷陌藏花"古厝花卉展，通过各种奇珍植物展示、插花展演系统展示中式传统花艺、现代插花艺术，让市民、游客在新年之际体验"古厝园艺博览会"。第二届三坊七巷新年花市受到媒体的持续关注，2019年12月31日中央电视台现场直播坊巷花市实况，《人民日报》数字福建、中新网、《海峡都市报》、东南网等媒体纷纷报道了新年花市的热闹氛围。此外，坊巷花市抖音话题＃福州花坊艺游 dou 起来＃视频播放量破904.2万次，收到549个视频投稿，抖音达人和拍客在逛花市时的直播充分展现了三坊七巷新年花市活动的内容，有效扩大了三坊七巷的影响力。

（五）借助旅游达人推广景区

三坊七巷历史文化街区推出旅行达人专题推介活动，以此来推介旅游体验、吸引游客。2019年举办了"我与三坊七巷的十年"旅行达人推介分享会（见图3-9），邀请九位资深旅行达人担当"坊巷旅行体验官"，通过分享达人的旅行感悟，去看景点、坊巷，去打卡，积极推出"坊巷必打卡景点"，让更多的游客及市民全方位地了解三坊七巷。

图 3-9　2019 旅游达人推介分享会宣传海报

2019 年 12 月 12 日"我与三坊七巷的十年"旅行达人推介活动启动，2019 年 12 月 14 日三坊七巷历史文化街区邀请九位三坊七巷旅行体验官推出网红打卡点，借助旅行达人推出达人心中的坊巷打卡地图，有力地吸引了线上粉丝们的关注，粉丝们不断进行评论和转发相关信息。旅行达人推介活动相关信息在#我与三坊七巷的十年#新浪微博话题发布 10 天，阅读量超过了 738 万次，讨论数超过 500 条（见图 3-10），引起了广泛的关注，并获得多个旅游博主的关注和转发。在活动中旅游达人从各自不同的角度展现了三坊七巷多元、有趣的不同侧面，通过旅行达人的眼睛，让更多的市民、游客看到深藏在三坊七巷的宝贵资源，有效地达到了吸引游客、积累游客的目的。

#我与三坊七巷的十年#

阅读738.5万　讨论599

图 3-10　新浪微博

（六）依托赛事扩大影响

三坊七巷历史文化街区不断通过知名赛事展现风采，多媒介、多层次展示核心景观，达到推介景观、吸引游客的目的。例如，2019 年 12 月 15 日福州国际马拉松赛道首次进入福州市市中心，线路经过三坊七巷、乌山、于山、上下杭、西禅寺、烟台山等著名景点，途经南街、东街口、江滨大道 CBD 集中区、海峡国际会展中心、海峡奥体中心等体现福州经济社会建设成就的区域，充分展示福州的历史文化及城市风光。比赛线路涉及三坊七巷的南后街，这里是三坊七巷的中轴线，是可以感受到古建、历史、文化、休闲、旅游与商业融合的文化休闲空间。2019 年福州国际马拉松有 5 万名参赛者参加比赛，通过央视的转播把三坊七巷景观传播到各地，赛道设在古建筑群中，如同"穿越"到过去，让比赛选手和观众充分体验了古老的坊巷格局和明清古建筑，看到了三坊七巷作为中国古代城市街巷和建筑文化的历史缩影的鲜明形象。

（七）重视导游队伍建设

三坊七巷历史文化街区在着力完善硬件设施建设的同时，高度重视接待服务和讲解员队伍建设工作，不断强化讲解员队伍业务能力，要求员工树立"服务无小事""细节决定成败"的服务意识，打造了一支服务精、业务优的讲解队伍，同时也是"讲好福州故事、传播福州文化、打造幸福之城"的中流砥柱。一是持续开展星级讲解员评选工作，每年 2 月组织 1 次讲解技能考核，并积极选送优秀讲解员赴国家级培训基地学习深造；二是积极推出导游人员讲解技能提升培训计划，除了加强日常基础练习以外，还邀请专家从职业形象、接待礼仪、古建筑、历史等方面对讲解员进行专项培训。

自 2008 年以来，三坊七巷历史文化街区讲解员团队先后荣获"全国巾帼文明岗""全国五一巾帼标兵岗""省级青年文明号"等荣誉。截至 2019 年 8 月，三坊七巷历史文化街区讲解员团队共接待游客 43000 余人，接待嘉宾及游客近 4500 批次。

（八）推出高品质定制旅游

三坊七巷历史文化街区为了打造品牌提升品质，积极打造定制旅游高端品牌。例如，2019 年 9 月 27 日—12 月 31 日三坊七巷开展了"'寻味坊巷'精品定制旅游线路（第一期）"活动，在官方微店发布并售卖，售价 2150 元，线路介绍集合了"吃、住、行、游"（见表 3-8），以人文、古厝、传统闽菜、非遗手作、夜宿坊巷为关键词，一经推出就受到了游客的普遍欢迎。

表 3-8　三坊七巷推出"寻味坊巷"精品旅游线路基本信息

1	线路安排	严复故居→水榭戏台→文儒九号传统闽菜→非遗手作体验→悦舍酒店（补差价可升级为书香文儒酒店）→御驾文儒→小黄楼→郭柏荫故居
2	购买须知	因线路中包含酒店住宿，客服将会核实所选入住日期是否可预订，并于下单后 24 小时内通过微店发送【预订成功／失败】信息，下单后需要及时查看微店信息

3	兑票方式	三坊七巷游客中心（地址：郎官巷 32 号；开放时间：8：30—17：00，国庆节期间为 8：30—21：00），出示三坊七巷微店购买订单记录、核对购买姓名及联系方式即可兑票
4	其他	1.门市价将根据实际情况进行相应调整；2.旅行社团体享受双人渠道价；3.单人购票价格享受双人市价 8 折优惠；4.可免费携带身高 1.2 米以下儿童同行；5."寻味坊巷"旅游线路暂不面向 60 岁及以上老人开放

（九）创新假日旅游内涵

三坊七巷历史文化街区注重组织节庆项目，积极营造氛围，精心布置街道，统筹假日活动，以给市民、游客带来独特视觉享受为核心。以 2019 年国庆七天假期为例，三坊七巷人流量达到 110 万人次，其间共举办了 112 场次活动，同时积极营造特色文创市集，增加假日旅游消费贡献，街区举办各具特色的活动。例如，为庆祝新中国成立 70 周年，组织策划了"向祖国告白·坊巷巡礼"活动，塔巷、钢琴弄、安泰河成为"打卡胜地"，引来众多市民、游客游览和拍照（见表 3-9）。

表 3-9　三坊七巷 2019 年国庆假期代表性文艺演出一览

序号	时间	地点	主题	参与形式
1	10 月 1—7 日	南后街、水榭戏台、小黄楼	闽歌飞扬声庆华诞	三坊七巷街头艺人身着国庆主题文化衫，用红歌为祖国庆生；水榭戏台地道、生动的"福州评话"，用传统唱诵福州人的文化密码
2	10 月 1—3 日	光禄坊公园	"我和我的祖国"越剧经典折子戏专场演出	福建芳华越剧团带着国家非物质文化遗产——越剧惠民折子戏演出

各类活动在发挥传统艺术魅力的同时，注重融合创新。例如，在 2019 年国庆假期举办 3 场主题活动、34 场非遗戏曲表演、43 场街头艺人表演、28 场传统器乐表演及 8 场场馆主题展览，精彩的文艺演出、艺文展览极大地丰富了参观游览的内容（见表 3-10）。

表 3-10　三坊七巷 2019 年国庆期间展览一览

序号	场馆	主题
1	南后街展览馆	福州市第 25 届工艺美术"如意杯"大奖赛
2	福建省非遗博览苑	庆祝新中国成立 70 周年系列展演活动
3	福建海峡民间艺术馆	石耀新时代——中国工艺美术大师艺术作品展
4	宗陶斋	福建省税务系统庆祝新中国成立 70 周年税收文物史料暨书画摄影展
5	福建民俗博物馆	汉唐火洲·丝路风采——新疆吐鲁番汉唐文物精品展

第四章
博物馆类旅游景区

第一节　秦始皇帝陵博物院[①]

一、基本情况

秦始皇帝陵博物院位于陕西省西安市临潼区，是以秦始皇兵马俑博物馆为基础，以秦始皇帝陵遗址公园（丽山园）为依托的一座大型遗址博物院。秦始皇帝陵博物院的成立依托于兵马俑的考古发现，由秦始皇兵马俑博物馆发展为秦始皇帝陵博物院，目前已经成为研究、保护和利用文化遗产的典范。秦始皇帝陵博物院（秦始皇兵马俑博物馆）2007 年被评定为首批国家 5A 级旅游景区。秦始皇帝陵博物院是国家一级博物馆、国家考古遗址公园、国家爱国主义教育基地、陶质彩绘文物保护国家文物局重点科研基地，连续五年（2014—2018 年）被全球领先的旅游平台 TripAdvisor[②] 评为"全球最受欢迎的博物馆"前 25 名。

二、游客人数屡创新高

1974 年兵马俑发现，1979 年秦始皇兵马俑博物馆建成开放（现称之为秦始皇帝陵博物院），截止到 2019 年 9 月秦始皇帝陵博物院开放接待游客 40 年，已累计接待海内外游客超过 1.2 亿人次，包括 224 位国家元首和政府首脑。秦始皇帝陵博物院是较早实行差异化门票、网上订票的景区，其门票种类及参观须知分别如表 4-1、表 4-2 所示。近年来，秦始皇帝陵博物院年度参观总人数、门票收入不断持续增长，并且增速较快、增幅较大。2018 年，秦始皇

---

① 本案例编写参考了秦始皇帝陵博物院官网（www.bmy.com.cn）、官微（微信号：bmy1979）、国家文物局网站（www.sach.gov.cn）等相关资料。

② TripAdvisor（官方中文名：猫途鹰）是全球领先的旅游平台（网站和 App），主要提供来自全球旅行者的点评和建议，全面覆盖全球的酒店、景点、餐厅、航空公司，并拥有旅行规划和酒店、景点、餐厅预订功能，月均访问量超过 4 亿次，TripAdvisor 及旗下网站目前在全球 49 个市场开展活动，旅游者都可通过猫途鹰（TripAdvisor）比较酒店、航班、邮轮、餐饮等的价格。

帝陵博物院共接待各类游客 858 万人次，与 2017 年同期相比增长了 25.8%；门票总收入首次突破 10 亿元，与 2017 年同期相比增长了 12.88%，接待人数和门票收入均双双再创历史新高，接待游客人数仅次于故宫博物院，位居全国第二。

表 4-1 秦始皇帝陵博物院门票种类

序号	种类	内容
1	全价票	秦始皇帝陵博物院门票实行"一票制"管理，门票价格为：120 元 / 人次
2	优惠票	全日制大学本科及以下学历学生凭有效学生证享受半价优惠（成人院校、在职教育、网络教育等均不享受优惠）
3	免费	①65 周岁（含 65 周岁）以上老人，凭本人中国居民身份证（或陕西省敬老优待证）免费参观；②残疾人凭有效残疾证免费参观；③中国现役军人（含军队离退休干部）、军队院校学员、退伍老红军战士、革命伤残军人凭有效证件免费参观；④由家长携带的 16 周岁以下未成年人，凭本人中国居民身份证或学生证、户口本免费参观。以上免费游客需出示相关有效证件从检票口专用通道直接入院参观，无须换票

表 4-2 秦始皇帝陵博物院参观须知

一、秦始皇帝陵博物院门票实行"一票制"管理，门票价格为：120 元 / 人次

二、秦始皇帝陵博物院网络订票可提前 7 天购买，售票厅（人工售票窗口和自助设备售票）售票时间为：3 月 16 日—11 月 15 日（8：30—17：00），11 月 16 日—3 月 15 日（8：30—16：30）

三、秦始皇帝陵博物院检票时间为：3 月 16 日—11 月 15 日（8：30—18：00），11 月 16 日—3 月 15 日（8：30—17：30）

四、全日制大学本科及以下学历学生凭有效学生证享受半价优惠（成人院校、在职教育、网络教育等均不享受优惠），请携带有效学生证及身份证入园参观

五、游客往返秦始皇兵马俑博物馆和秦始皇帝陵丽山园两景区参观，可免费乘坐旅游专车

六、订票成功游客请携带有效二代身份证在检票口刷二代证入园，入院后请妥善保管有效证件，以备各参观点查验

七、门票当日有效，请您安排好时间入园参观

八、在规定时间内未使用，参观日期或票型选择错误的游客在未使用的情况下 30 天内可申请退票，经过系统审核后票款会在 15~20 个工作日内退回

九、检票时须人、证一致方可入院参观

三、服务与管理主要特点

（一）发挥了显著的社会教育功能

秦始皇帝陵博物院充分发挥博物馆宣教功能，自 1979 年成立至今发挥了显著的社会教育功能。从 20 世纪 90 年代开始，秦始皇帝陵博物院就对来院参观的学生团体、部队官兵实行团体预约免费参观政策。根据秦始皇帝陵博物院社教部统计，成立 40 多年来共接待大、中、小学生免费参观团体 3850 批次 188767 人，接待未成年人 77 万余人，策划并成功举办千余场活动，受众达数千万人次。在此基础上，博物院积极将社会教育活动从院内延伸到了院外，走进西安及陕西学校、部队、社区等，积极开展文物讲解、专题讲座、知识竞赛、互动体验等各种类型活动，注重教育对象的参与性、体验性，突出寓教于乐。在开展传统宣教活动同时，积极尝试探索博物馆宣传教育新形式和手段，经过多年积累，目前博物院共有成熟的教育活动 12 大类、33 个子项目，其中"优秀历史文化进校园""秦陵移动课堂""欢乐博物馆"是近年来形成的特色品牌教育项目（见表 4-3），长期开设和运作具有非常好的社会影响。

表 4-3　秦始皇帝陵博物院 2016 年第一季度欢乐博物馆活动

时间	1—3月 每周二、周五 9：30—11：30、14：30—16：30
内容	我为秦俑涂颜色——学绘兵马俑 我是秦俑修复师——学修兵马俑 我是秦俑发型师——学编秦发髻 我是秦代书法家——学写秦文字 我是非遗传承人——学习传统剪纸
地点	欢乐博物馆教室
参与人员	到秦始皇帝陵博物院参观的中小学生
报名方式	电话报名

秦始皇帝陵博物院持续推动"博物馆＋互联网"融合发展理念，有效扩大了博物院的网络宣传和影响力度，在持续加强秦始皇帝陵博物院文化辐射力的同时，正确引导社会公众走进博物馆体验中华优秀传统文化。同时，秦始皇帝

陵博物院积极推出线上教育活动，让游客通过多种方式了解秦俑秦文化，并及时通过官方微信、社会教育部微信、官方微视（见图4-1），以及喜马拉雅秦始皇帝陵博物院官方电台"声临秦境"等渠道扩散，均取得了很好的社会效益。

图4-1　秦始皇帝陵博物院官方微信、社会教育部微信、官方微视二维码

（二）提升智慧管理与服务水平

秦始皇帝陵博物院不断加强与专业机构的合作，通过专业技术渠道不断深入挖掘现有文博资源，积极结合当前科技发展的趋势，引入互联网思维和技术，开发了系列智慧旅游产品。近年来，秦始皇帝陵博物院分别与百度、腾讯公司等建立战略合作关系，不断加强博物院特有文化遗产与互联网相结合的文化推广，有效拓展了文化遗产的传播范围。

一是与百度的合作对各俑坑场景进行复原及演绎，包括秦俑复活语音交互讲解、战争场景复原等，利用人工智能技术，结合历史文物和资料进行开发设计、包装和传播兵马俑文化。例如，"百度AI"秦始皇兵马俑复原工程，提升了游客的参观体验，同时游客可以方便地使用手机百度App扫描资料，相关资料以生动、直观的历史多媒体资料呈现。

二是通过与腾讯合作，利用腾讯成熟的产品——微信公众号、场景化服务、语音画册、智能移动游园及H5小游戏、微信小程度等，挖掘博物院的亮点，打造崭新文化符号。2016年，腾讯与秦始皇帝陵博物院达成推出"互联网+中华文明建设"三年计划，于2017年6月上线秦始皇帝陵互联网+智慧服务平台。从官微页面就可参加"你好兵马俑""寻始皇赐封爵"这两个兵马俑元素植入的H5游戏，有效增强了参观互动体验，同时也起到了传播相关背景历史文化知识的目的。

（三）注重完善基础设施

一是游客中心功能齐全。秦始皇帝陵博物院游客中心符合行业标准《旅游景区游客中心设置与服务规范》（LB/T 011—2011），外观和造型不破坏现有景观，能够为游客提供信息、咨询、游程安排、讲解、教育、休息等旅游设施和服务功能。游客中心位置合理（见图4-2）、规模适度，各项服务设施及发挥功能较为齐全。

图4-2　游客中心及内部的共享充电宝等设备、设施

二是标识系统完整、齐全。各种引导标识（包括导游全景图、导览图、标识牌、景物介绍牌等）造型及特色突出（见图4-3），具有一定的艺术感和文化气息，各类标识系统与总体环境相称，标识牌和景物介绍牌设置合理。道路指示、公厕指示、停车场指示等道路导向指示牌准确，各类指示牌从图形、外观、材质等结合自身文化特点进行了系统的设计制作，标识系统相关符号、图案直观明了。

图4-3 标识系统

三是认真做得好安全防护工作及特殊人群服务服务。秦始皇帝陵博物院全面做好旅游景区的安全防范工作，保障游客参观游览的安全设施齐备，不断加强危险地带安全防护设施建设，包括安全护栏、安全警示标示等设施、设备做到了齐全和有效（见图4-4）。票务通道、导览标识、安全警示牌、游览步道、休息亭台、环保厕所和安全防护栏等设施能够做到有序进行日常巡查和维护（见图4-5），各类无障碍设施等特殊人群通道始终保持畅通（见图4-6）。

图4-4　内部简易防护设施

图4-5　购票与排队设施规范、畅通

图 4-6　无障碍通道规范

（四）注重旅游商品特色化创新与发展

2016 年 11 月，国家文物局下发了《关于公布全国博物馆文化创意产品开发试点单位名单的通知》，批准了包括秦始皇帝陵博物院在内的 92 家博物馆作为文化创意产品开发的试点单位。秦始皇帝陵博物院从 2017 年开始积极开展文创产品研制，在丰富旅游产品供给的同时，注重优化旅游要素结构，有效促进了旅游商品产业化、特色化、聚集化发展，积极开展自身文创产品开发。同时，秦始皇帝陵博物院还通过举办文创产品开发大赛，不断挖掘设计感强、品质高的创意产品。在景区内还设立了自助售货机，提升了旅游商品售卖的便利性，受到游客的普遍欢迎，有效推动了特色旅游商品的创新发展（见图 4-7、图 4-8）。

近年来，秦始皇陵博物院还加大文化衍生产品开发。除了传统的纪念品，诸如

图 4-7　具有特点的邮政邮箱

59

带有秦俑、秦文化元素的明信片、纪念币、纪念章、钥匙扣、瓷杯、文化衫等，还积极突出各类富有特点的出版物，如多种文字版本的《世界第八大奇迹秦兵马俑》《秦陵瑰宝铜车马》和《梦幻的军团》等大型图书画册与光盘。在产品开发中，不断加强文化符号的保护性利用，加强了对"秦俑馆""铜车马""秦兵马俑""将军俑"等著名品牌、文化符号的保护性宣传，提升了秦始皇陵兵马俑的产品辐射范围和营销力度。

图 4-8　销售旅游纪念品的自助文创盒子

（五）集中力量建设好官网、官微

一是打造功能完善的官网。始皇帝陵博物院利用现代网络新技术，如图形界面、多媒体等，在官方网站全方面地展示旅游景区的旅游产品、服务内容，使潜在的顾客足不出户就能够认识秦始皇帝陵博物院，并能够清晰了解相关服务项目。秦始皇帝陵博物院官网（网址为：www.bmy.com.cn，见图4-9），详细介绍了秦始皇帝陵博物院的发展历程，设置的各栏目普遍具有科普功能，整个网站具备了多媒体展示、文创产品销售、门票预售等基本功能。结合游客高质量参观的需要，官网推出了"数字化展示"栏目，该栏目目前包括"全景兵马俑""平天下展览""四海一虚拟展示""数字博物馆"四大内容板块（见图4-10），让网站访问者足不出户就可以欣赏精美文物，感受兵马俑这一世界文化遗产的魅力。特别是"全景兵马俑"栏目，可以查看到兵马俑360°超清全景图，如兵马俑一号坑利用全景技术将2000张4575万像素的图片拼接起来形成一幅高达500亿像素的室内全景图，能够将秦兵马俑一号坑内的所有遗迹非常精细地展现出来，凸显出数字参观方式远超过实地参观的细节视觉效果。同时，为了让潜在游客可以方便地从网络上获取信息，官网已设立专栏对相关售票（门票价格）信息、参观时间和景区动态进行全面介绍。同时，为了方便外国游客查询信息，秦始皇帝陵博物院旅游官网站设立了相应的外文页面（见图4-11）。

图4-9　官方网站（中文版）

图 4-10　官网数字化展示栏

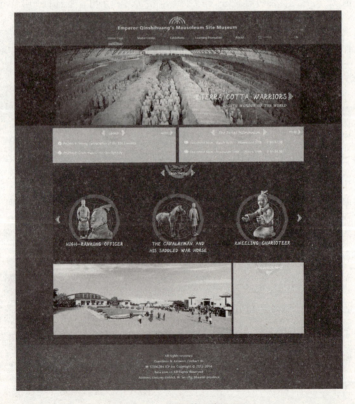

图 4-11　官网英文版页面

二是发挥好官微的参与性功能。秦始皇帝陵博物院官微不仅有导览、导游、导购等服务，还有旅游攻略、线路推荐、餐饮、住宿、购物等信息，有效确保游客方便、快速的查询，同时"实时动态"等小栏目可以动态查询或咨询景区游客最大承载量及特定时间段预计游客接待量，方便游客选择出行时间。官微建立和完善了电子商务系统，游客可通过官微渠道实现门票、住宿、餐饮、商品或其他个性化服务的有效预订（见图4-12）。

图4-12　官微提供的实时动态、购票等功能

第二节　西汉南越王博物馆 [①]

一、基本情况

西汉南越王博物馆位于广东省广州市越秀区，1988年正式对外开放，由主体陈列楼、综合陈列楼和古墓保护区三部分组成，共有两个常设展览和一个专题展览向公众开放，基本陈列主要展示南越王墓原址及其出土文物，专

---

① 本案例资料由西汉南越王博物馆提供。

63

题陈列有"杨永德伉俪捐赠陶瓷枕展"。

南越王墓是我国 20 世纪 80 年代重大考古发现之一，因保存完好，1996 年被列为全国重点文物保护单位，南越王墓是广州海上丝绸之路申遗的六大史迹点之一，墓中出土的银盒、金花泡、船纹铜提筒、乳香和象牙等海丝珍宝见证了两千多年前中国与海外的文化交流。其代表文物——透雕龙凤纹重环玉佩，龙凤相视构图完美，是汉玉难得一见的珍品，该图案为西汉南越王博物馆的馆徽，并广泛使用在博物馆各类媒介上（见图 4-13）。

西汉南越王博物馆以古墓为中心依山而建，是岭南现代建筑的一个辉煌代表，曾获得六项国内外建筑大奖和"20 世纪世界建筑精品"的提名，被评为"中国 20 世纪 55 个经典建筑"之一。西汉南越王博物馆 2004 年被评定为国家 4A 级旅游景区，2008 年跻身首批"国家一级博物馆"的行列，到访观众逐年增加，2018 年首次突破 50 万人次（见表 4-4）。

图 4-13　官网上的馆徽

表 4-4 西汉南越王博物馆 2014—2018 年接待参观人数（人次）

2014 年	2015 年	2016 年	2017 年	2018 年
400001	409365	394572	455998	503970

二、主动取消或降低收费项目

（一）取消电子导览服务费

2003 年西汉南越王博物馆成为广东省内第一家提供导览机租借服务的博物馆，电子导览机设有 8 种语言，主要内容为南越王墓、出土文物陈列、陶瓷枕专题展厅，租借费 10 元，不限时使用。2010 年升级了高级版的硬件，更方便游客携带和使用。2019 年 11 月，持续 16 年的收费服务项目——租借费正式取消。

（二）取消人工讲解费

以往西汉南越王博物馆两种模式提供讲解服务，采取定时免费加即时收费方式（包括预约），2019 年 9 月底全部停止人工讲解收费，开展免费讲解，并通过加大批次提高免费定时讲解频率，辅以预约的模式满足游客的需求。

（三）主动降低门票价格

西汉南越王博物馆自运营以来，门票一直维持在 12 元的价格，为了响应国家发展改革委《关于完善国有景区门票价格形成机制降低重点国有景区门票价格的指导意见》（发改价格〔2018〕951 号）等文件精神，主动降低门票价格，2019 年 10 月开始，票价由 12 元调整至 10 元，节假日 8 折，学生、老人票为 5 元 / 张（凭证购票），65 岁以上老年人、18 岁以下学生、残疾人、现役军人凭证免费。

三、服务与管理主要特点

（一）组建理事会活化管理方式

西汉南越王博物馆积极通过建立理事会制度完善博物馆法人治理结构，

通过理事会制度推动博物馆民主决策、保障各利益相关方权利、优化社会参与治理模式、深化体制机制改革创新、提升专业化水平和服务社会能力，全面提升博物馆管理水平。2019年12月，西汉南越王博物馆第一届理事会成立，理事会吸纳了法律界、媒体界、教育界等有关方面代表、专业人士、各界群众参与管理，选举了领导机构，并讨论通过了《西汉南越王博物馆章程》。西汉南越王博物馆是广州市第一家成立理事会的博物馆，有效推进了原有的管理体制与现有的理事会制度有机融合在一起，为创新管理提升优质服务创造了良好开端。

（二）大力开展品牌教育活动

一是营造南越工坊品牌。2003年起西汉南越王博物馆开始在馆内举办教育活动，2007年以"南越工坊"①为名，作为教育活动的主要阵地正式对公众免费开放。2016年，南越工坊推出会员制，实现会员管理，截至2019年拥有会员近7000人，活动种类实现了多样化（见图4-14、图4-15、图4-16），目前南越工坊已发展成为一个拥有40余款活动同时上线、教育主题丰富的多元文化教育阵地。例如，2018年西汉南越王博物馆针对少儿推出暑期系列活动——南博之夏"海丝总动员"（见表4-5），注重打造主题化、班主任制，2018年7月10日—8月11日在5周内组织了43场活动，每期用五天的学习，以"主题课程＋工坊手工"为核心，促进参与的孩子更系统、深入地了解所学知识点，同时增强团队意识、锻炼合作能力，这些活动普遍得到了参与孩子和家长的认可；在注重少儿参与性的同时，西汉南越王博物馆积极打造市民了解中国传统文化的重要窗口，2019年组织了"花钗步摇云鬓间"成人会员活动，吸收了20个成人会员参加，通过亲自动手制

---

① 南越工坊是西汉南越王博物馆创办的以手工活动为形式、以南越国历史文化知识为主要背景的公益性教育服务项目。南越工坊活动于每周末及节假日定时推出，还不定时走出博物馆开展公益服务项目，活动对象涵盖低龄儿童、青少年、成人、特殊群体。主旨是通过手工活动，让更多人了解南越文化及博大精深的中国传统文化。

作"步摇"①这一中国传统饰品，活动中工作人员演示步摇的制作步骤和讲解步摇的文化意义、发展历程和世界影响，有效提升了普通市民对传统文化的理解。

图4-14　南越工坊海报

---

① 步摇是汉代礼制首饰的重要组成部分，在两汉时期，发钗上装缀一个可以活动的花枝，并在花枝上垂以珠玉等饰物，这就成了"步摇"。

图 4-15　南越工坊活动

图 4-16　2018 年全新升级后的基本陈列儿童活动区"南越玩国"

表 4-5　2018 年南博之夏"海丝总动员"活动

日期	主题
7.10—7.14	海丝文化小使者之剧说海丝
7.17—7.21	航海小能手

续表

日期	主题
7.24—7.28	波斯商人的仲夏之梦
7.31—8.4	南越百工坊之海丝小工匠
8.7—8.10	寻找海丝的故事
8.11	快乐珠江游——2017南博之夏结业 party

二是积极开展儿童戏剧。西汉南越王博物馆从 2018 年开始组织"南越小使者"招募活动（见表 4-6），以趣味游戏形式选拔 30 名"南越小使者"，进行为期 2 个月的暑期戏剧培训课程，并参与专项演出，开展儿童戏剧教育。儿童戏剧教育是近年流行的综合素质教学手段，在教学过程中，通过戏剧的方式开发学生的想象力、创造力、表达能力、身体协调能力、团队合作等多方面的能力，并能在潜移默化的学习中提升个人的综合素质。例如，2018 年《"南博之夏"剧说海丝》围绕南越国史和海上丝绸之路，创作演绎了儿童历史剧，以表演的形式学习和展现历史文化，让小朋友在游戏中学习、在欢乐中成长，充分感受博物馆的文化魅力。

表 4-6　"南越小使者"招募活动

招募对象	6~10 岁小朋友
招募名额	共 90 名（分 3 场举行）
截止报名	2019 年 7 月 5 日 18：00
活动日期	2019 年 7 月 7 日
活动时间	10：00—11：00，14：30—15：30，16：00—17：00
活动地点	广州市儿童公园（地铁二号线白云公园站 C 出口）

（三）注重讲解员队伍建设

一是不断加强专职讲解员队伍建设。高度重视讲解日常工作，对讲解词进行统筹完善（见《透雕龙凤纹重环玉佩讲解词（部分）》），经常性对讲解员进行考核（见图 4-17），不断提升讲解水平，讲解量由 2014 年的 1012 批提升至 2018 年的 2788 批（见表 4-7）。特别注重对新入职讲解员的考核，聘请普通游客充当考官和旁听游客，增加考核信度。

透雕龙凤纹重环玉佩讲解词（部分）

透雕龙凤纹重环玉佩出土于墓主右眼位置，青白玉雕成，部分受土沁呈黄白色。

这件玉佩的名称已将特点概括其中。"透雕"指雕刻工艺，整块玉器主要使用透雕工艺镂空制成；"重环"指在设计上，玉佩分为内外两圈；"龙凤纹"是说内圈透雕一条游龙，前后爪与龙尾伸向外圈，外圈透雕一只凤鸟，站在龙的前爪之上，凤冠和尾羽上下延伸成卷云纹，把外圈空间填满，凤鸟回眸凝望游龙，龙凤似在喃喃细语，妙韵天成。

这件玉佩雕镂精细、构思奇巧，将"龙凤呈祥""阴阳协调"的和谐思想完美展现，是汉玉中不可多得的珍品。

图 4-17　讲解员考核现场

表 4-7　西汉南越王博物馆讲解数量统计（批）

2014 年	2015 年	2016 年	2017 年	2018 年
1012	1554	2211	2023	2788

二完善志愿讲解团队工作建设。连续多年举办"南越王杯"志愿者讲解比赛，展示志愿者风采，以赛促建，不断提升提高志愿者的综合服务水平。

以 2019 年第六届志愿者讲解比赛为例，为了进一步提升南博志愿者团队的讲解服务质量，推出"导师制"志愿者讲解培训，由 9 位博物馆的专业讲解员作为导师，采取分组"小班教学"的方式为志愿者进行针对性的讲解指导，与传统讲解比赛不同的是，此次比赛将 9 位导师带领的志愿者分成 9 支队伍，围绕南越王墓的发现与发掘、南越王墓与海上丝绸之路、南越王的兵器、南越王的夫人、南越王的乐器、南越王的铜镜、南越王的饮食、南越王德印章、南越王关于长生不老的那些事，共 9 个主题，进行专题汇报式讲解。在比赛中为了更显公平与指导意义，邀请广大文博爱好者担任比赛评委及嘉宾，比赛已成为志愿者团队的品牌活动，并不断创新。例如，2019 年国庆七天假日，西汉南越王博物馆志愿者完成定时讲解导览 58 批次，展厅不定时巡讲一百余批次，包括《南越藏珍——西汉南越王墓出土文物陈列》和《面向海洋——长沙窑瓷器精品展》，服务游客约 3 万余人，他们用自己的服务热情和专业态度为游客提供优质的讲解服务。

（四）与专业机构合作提升文创设计水平

2016 年，在西汉南越王博物馆被确定为国家文创试点单位之初，博物馆即已确立携手省内具有美术、设计资质的大专院校、企业共同建立"岭南特色文创设计基地"的文创工作发展思路。2016 年西汉南越王博物馆就与广州美术学院工业设计学院在"岭南特色"文创设计方面达成多项合作协议，广州美术学院专门为此设立专题课程，针对西汉南越王博物馆实际，以岭南文化元素为素材，进行文创产品设计研究，经过几年的探索与坚持，已经初见成效，有近百件设计成果成为博物馆日后文创产品的备选设计方案。

（五）持续走进基层、社区

为了让更多社区邻居通过西汉南越王博物馆了解"粤文化"，西汉南越王博物馆以公益性摆展的形式走进社区，将"琳琅南越王"等诸多主题展览送到家门口（见图 4-18、图 4-19）。以 2017 年为例，全年共送展 44 次，受惠市民接近 5 万人次（见表 4-8）。同时，西汉南越王博物馆重视通过与学校开展馆校合作课程，从南越王墓出土文物出发，传播中华优秀传统文化。例如，2019 年 6 月西汉南越王博物馆承办广州市中小学历史科（专业）教师继续教育全市性教研活动，有 150 多名广州市高二历史教师到西汉南越王博物馆开展教师继续教育教研活动，教师们参观了南越王墓原址、出土文物及特展《庞贝——永恒的城市》，并就"如何开发馆藏资源，增强实证意识"展开教学研讨。

图 4-18 2018 年送展五华县博物馆   图 4-19 社区主题展海报

表 4-8 2017 年西汉南越王博物馆送展情况

编号	巡展名称	巡展地点	巡展时间	参观人数
1	探越学堂——汉服设计师	广州一中外国语学校	3 月 15 日	35 人
2	琳琅南越王	荔湾区石围塘家庭综合服务中心	3 月 15—31 日	200 人
3	枕——西汉南越王博物馆藏枕展	华南师范大学历史文化学院	3 月 17 日	2500 人
4	南越沙画	海珠区逸景第一小学（金穗校区）	3 月 17 日	45 人
5	南越沙画	海珠区南华西街所属华仁社会工作服务中心	3 月 17 日	20 组家庭
6	探越学堂——南越剪纸	广州一中外国语学校	3 月 22 日	35 人
7	探越学堂——王的盛宴立体折纸	广州一中外国语学校	3 月 29 日	35 人

续表

编号	巡展名称	巡展地点	巡展时间	参观人数
8	琳琅南越王	新港街家庭综合服务中心	4月7日	200人
9	南越沙画	白云湖街家庭综合服务中心	4月8日	20组家庭
10	探越学堂——南越沙画	广州一中外国语学校	4月12日	35人
11	竹筒活动	石牌街家庭综合服务中心	4月12日	15人
12	陶瓷枕鉴赏与体验讲座	暨南大学心理健康咨询中心	4月13日	60人
13	琳琅南越王	华侨外国语实验学校	4月14日—5月12日	814人
14	枕——西汉南越王博物馆藏枕展	暨南大学	4月15日	9000人
15	南越国历史文化课堂及南越沙画	白云区大冈小学	4月18日	200人
16	广州与海上丝绸之路	广州大学华软学院	4月20日—5月11日	3000人
17	广州与海上丝绸之路	广州市荔湾区双桥中学	4月25日—5月19日	300人
18	广州与海上丝绸之路	中山大学珠海校区	4月27日—5月27日	3000人
19	南越国遗迹	梧州市博物馆	5月15日—6月18日	8630人
20	琳琅南越王	电白县博物馆	5月15日—7月15日	9790人
21	华夏古乐	电白县博物馆	5月15日—7月15日	9790人
22	琳琅南越王	东风西路小学四校区	5月17日—6月17日	3510人
23	南越国遗迹	东风西路小学四校区	5月17日—6月17日	3510人
24	南越王没有蛀牙及南越王的年夜饭	东风西路小学四校区	5月17日—6月17日	3510人
25	海路扬帆——广州与海上丝绸之路	东风西路小学四校区	5月17日—6月17日	3510人

编号	巡展名称	巡展地点	巡展时间	参观人数
26	海路扬帆——广州与海上丝绸之路	广东第二师范学院图书馆	5月22日—6月22日	1000人
27	琳琅南越王	河源市博物馆	6月15日—8月15日	25000人
28	琳琅南越王	佛山市超盈实验中学	3月15日	2300人
29	南越沙画	广州市康智乐务中心	5月19日	20人
30	南越王没有蛀牙	华师社区居委会	4月21日	500人
31	南越王没有蛀牙	华南师范大学历史文化学院	5月7日	2500人
32	琳琅南越王	素社街家综（广州粤穗社会工作事务所）	7月3日—14日	250人
33	南越王没有蛀牙	汕头桃溪中学	7月10日—16日	180人
34	琳琅南越王	梅州三河镇中山学校	7月12日—24日	100人
35	琳琅南越王	梅州三河镇八一红军小学	7月12日—24日	100人
36	琳琅南越王	梅州三河镇深梅旧寨希望小学	7月12日—24日	100人
37	琳琅南越王	珠海斗门博物馆	9月1日—10月31日	2000人
38	海路扬帆——广州与海上丝绸之路	徐闻县博物馆	9月16日—12月31日	8000人
39	琳琅南越王	南海区博物馆	9月18日—12月27日	15000人
40	琳琅南越王	流花路小学西校区	9月22日	600人
41	琳琅南越王	站前街家庭综合服务中心	9月22日—28日	600人

（六）打造夜间活动亮点

南越王博物馆自2018年开始持续推出以"博物馆奇妙夜"为核心的夜场活动，活化夜间活动。例如，从2019年8月1日开始，西汉南越王博物馆每周五、周六、周日连续3天试行夜间开放（见表4-9），周五至周日开放时间为 9：00—21：00（20：00 停止售票；20：10 停止进场），夜间开放区域包括主体楼南越藏珍展及综合楼临时展览，南越王墓原址及炮台暂停开放。

表 4-9　2019 年西汉南越王博物馆首周夜间活动安排

序号	主题	时间	内容
1	馆长讲座	8 月 1 日	西汉南越王博物馆馆长吴凌云将给大家带来"南越王讲堂"首场讲座：《帝国视野下的南越国》，以全新视角给大家解读南越国史的方方面面
2	南越工坊——熊熊点灯	8 月 3 日 19：00	学习制作汉代熊纹图案灯笼
3	南博小剧场	8 月 2 日、8 月 4 日 17：30—20：30	《南越王墓发掘录像》《南越藏珍——博物馆基本陈列介绍》等纪录片

第五章
自然风光类旅游景区

第一节　泰　山[①]

一、基本情况

泰山位于山东省泰安市，是我国首例世界文化与自然双遗产、世界地质公园、首批全国重点风景名胜区。泰山景区由泰山景区管委会运营，管辖面积 452 平方千米，泰山景区于 2007 年被评定为全国首批 5A 级旅游景区。2019 年，泰山景区接待进山进景点游客 567.9 万人次，同比增长 1.04%，其中进山游客 417.6 万人次，同比增长 1.28%，实现门票、客运等收入 7.8 亿元，同比增长 5.4%。泰山景区积极构建以泰山为龙头的"多点支撑、多业并举、全域共享"发展格局，确立了以景区建设成为核心竞争力强、国际影响力大、游客满意度高、群众幸福感强、生态优美怡人的国际一流旅游胜地和文旅康养高地为主要奋斗目标。目前，泰山景区注重发挥泰山金字招牌核心引领带动作用，围绕"国内一流、国际领先"目标，加快开发系列高端特色旅游产品。

二、发展历程

1985 年在泰安市委、市政府的支持下，泰山首创了风景、文物、林场"三位一体"的管理体制。1996 年又形成风景、文物、林业、旅游"四位一体"的管理体制。2001 年，泰安市委、市政府将泰山景区管委会由市政府工作部门调整为派出机构。2004 年，泰安市委、市政府对泰山管理体制进行重大调整，确立了现行的管理模式：成立泰山景区党工委，景区党工委、管委会作为泰安市委、市政府双派出机构，代表泰安市委、市政府对泰山景区范

---

① 本案例编写参考了泰山景区官方网站（www.mount-tai.com.cn）和官方微信公众号（china-taishan）等有关资料。

围内的经济、行政、社会事务实行统一领导和管理，行使泰安市委、市政府及市直有关职能部门赋予或委托的管理权；将原由泰山景区管委会代管的泰山门票管理处交由泰山景区直接管理；实行一级财政管理，统管景区内的财政、税收征管和国有资产管理工作；实行相对集中行政处罚权，泰山管理行政执法局集中行使风景名胜、文物、林业园林、旅游等 14 大类、538 项行政处罚权；辖区有 1 个乡镇（大津口乡）、1 个村街管理中心及所属 13 个行政村（居），管理乡村人口 2 万余人。

2009 年 10 月 14 日，泰山景区管委会升格为副厅级单位。2017 年 2 月，泰安市委、市政府决定将泰山东麓的黄前、下港两个乡镇，成建制划归景区管理（260 平方千米、63 个行政村居、8 万乡村人口）。目前，泰山景区管委会内设 15 个职能局室，管理正县级单位 4 个（泰山管理行政执法局、泰山林场、泰山景区教育中心、泰山票务交通管理处），下设副处级及科级事业单位 30 个，直属行政机构 2 个（市场监管局、森林公安分局），双重管理景区公安分局、国土分局、规划分局、税务局等部门，分区域设置 14 个基层管理区（博物馆），现有在职干部、职工 2000 余人。目前，泰山景区管委会管辖 3 个乡镇（大津口、黄前、下港）、1 个村街管理中心及所属 76 个行政村（居），管理乡村人口 10 万余人。目前，泰山景区管委会持续实施机关机构、管理与经营分开、基层管理模式三项内部改革，构建了设置科学、权责分明、运转高效的"管理、服务、执法、经营"四大系统，发展全域旅游，努力打造中国山岳旅游第一名片。

三、服务与管理主要特点

（一）优化收费构成与体系

一是主动降低门票价格。2019 年 3 月起，泰山景区整合降低门票价格，将泰山景区内的泰山、彩石溪、玉泉寺、普照寺、红门宫、王母池、岱庙 7 个景点门票进行改革整合，泰山景区所有门票总价格由原先 240 元（泰山门票 125元、彩石溪 50 元、岱庙 30 元、玉泉寺 20 元、普照寺 5 元、红门 5 元、王母池

5元，合计240元）降为115元，3日内有效[①]，有效期内不限制游览次数，泰山景区门票和岱庙门票实行全年同价[②]，不区分淡旺季价格，门票降价直接让利给游客，让游客得到更多的实惠。此外，彩石溪、玉泉寺、普照寺、红门宫、王母池5个景点免费游览，整体门票降幅约为50%。新票价实行后，泰山景区继续对现役军人、军队离退休干部、退休士官、残疾人、60周岁（含）以上老年人、6周岁（含）以下或身高1.4米（含）以下儿童、记者、中国和山东摄影家协会会员、持"山东惠才卡"和"泰山人才金卡"的高层次人才等实行免票；对6~18周岁未成年人、全日制本科及以下学历学生实行57元/人的票价；对教师、省部级及以上劳模、英模实行100元/人的票价（见表5-1）。

表5-1　泰山景区门票、索道价格一览

景点	票价	说明
泰山门票	115元/人	1. 门票3日内有效，有效期内不限制游览次数；购票后，可同时游览泰山和岱庙 2. 6~18岁未成年人、全日制本科及以下学历学生：57元/人 3. 教师、省部级及以上劳模、英模：100元/人 4. 对现役军人、军队离退休干部、退休士官、残疾人、60周岁（含）以上老年人、6周岁（含）以下或身高1.4米（含）以下儿童、记者、中国和山东摄影家协会会员持"山东惠才卡"和"泰山人才金卡"的高层次人才等实行免票 购票提示：身高1.2~1.4米（含）儿童、老年人（满60周岁）等享受免票政策人员，在天外村或桃花峪乘车上山需购买30元车票
天外村至中天门旅游车	上山：30元/人 下山：30元/人	
桃花峪至桃花源旅游车	上山：30元/人 下山：30元/人	

---

① 首次入园检票时间起72小时内，不限入园次数。可由游客选定游玩日期起，3个自然日内任选一天首次入园，3个自然日过期失效，未入园的门票可改签，且只可改签一次，未入园的门票和车票均可退票。

② 购买泰山门票的游客，均可免费游玩岱庙，享受3日有效政策；只游览岱庙不进泰山景点，购买岱庙单票的游客，不享受3日有效政策，当日当次有效。

续表

景点	票价	说明
高铁泰安站至中天门旅游车	上山：35 元 / 人 下山：35 元 / 人	
泰安市政府东生态停车场（换乘中心）至中天门旅游车	上山：32 元 / 人 下山：32 元 / 人	
中天门索道	单程：100 元 / 人	1. 儿童满 1.2 米需购买成人票 2. 索道单程运行时间 8~15 分钟 3. 重大节日将视游客量适当延长营业时间 4. 遇大风、雷电天气或检修时将暂时停运
桃花源索道		
后石坞索道	单行：20 元 / 人	
岱庙	20 元 / 人	1. 学生票：10 元 / 人 2. 有特殊情况不能按时开放的，请以售票点通知为准

二是推出门票年卡。为满足泰安市及山东省内更多游客需求，2019 年泰山推出多样化的年卡，主要方式为泰山游览证、泰山游览年卡（见表 5-2）。泰山游览证一年有效（每人每卡 100 元，离退休人员 40 元），泰山游览年卡分一年期（每人每卡 200 元）、二年期（每人每卡 400 元）和三年期（每人每卡 500 元）。泰山游览证、泰山游览年卡适用范围为泰山、岱庙，清明节、五一节和国庆节三个节假日停止使用泰山游览证、游览年卡，泰山游览证、泰山游览年卡有效期内不限游览次数，超过有效期限需重新办理。

表 5-2　泰山景区年卡种类

种类	办理范围	收费标准
泰山游览证	1. 泰山区所属乡镇办事处居民，岱岳区粥店街道办事处、天平街道办事处居民，高新区所属办事处居民，凭本人身份证办理 2. 在泰山区、岱岳区、高新区、旅游经济开发区、高铁新区所属企业工作的外来务工人员（工作超过 1 年或缴纳社会保险基金 1 年以上的），凭本人身份证由所在企业工会组织集体办理。持市经济合作局或泰山区、岱岳区、高新区、旅游经济开发区、高铁新区招商主管部门发放客商证的外来投资人员，凭客商证和本人身份证办理 3. 驻泰大中专院校师生，凭本人身份证和学生证办理。外地、外籍在泰城大中专院校执教人员，凭学校证明、本人身份证、护照等有效证件办理 4. 在泰山区所属乡镇办事处、岱岳区粥店、天平街道办事处、高新区、旅游经济开发区、高铁新区范围内购买住房的外地人员，凭本人身份证、房产证或购房合同办理	每人每证 100 元，离退休人员每人每证 40 元

续表

种类	办理范围	收费标准
泰山游览年卡	超出现行泰山游览证办理范围的山东省内城乡居民和中小学、大中专院校在校生	一年期每人每卡200元，二年期每人每卡400元，三年期每人每卡500元

三是建立智慧票务系统。随着泰山景区门票价格的降低，为了达到景区门票购票便捷、验票快速、数据准确的目标，2019年年初泰山景区开展了智慧票务系统建设，由山东众志电子有限公司对泰山景区票务系统进行了定制化开发，2019年7月泰山景区智慧票务系统正式投入使用，便捷的票务系统给游客带来了更好的游览体验，大大提升了景区的旅游服务品质。泰山景区智慧票务在有效实现实名制全网购票的同时，全面做到了支撑网络售票、票款电子化支付、验票、业务管理、大数据分析等多方面的创新，有效减轻了售票窗口的压力，实现了游客快速购票、快速登山，系统地提升了泰山景区精细化管理水平，同时满足了不同游客的需求。例如，利用人脸识别技术有效解决假票、漏票等问题，利用云计算和大数据分析等最新技术满足景区峰值稳定运行的要求，有效满足了景区客流管控的需求。

（二）大力实施标准化战略

一是注重标准化试点工作。泰山景区自2009年被确定国家级服务业标准化试点单位以来，用标准引领旅游服务业发展、用标准规范旅游服务业业态、用标准提升旅游服务业竞争力的方向一直坚持不懈，大力实施"标准化战略"，不断完善和强化标准化体系建设，更好地服务游客。特别是为了提升游客和导游人员对泰山景区厚重文化的理解，泰山景区在官方网站（www.mount-tai.com.cn）发布了泰山导游词，供游客和导游人员查看，有效地提升了泰山讲解的规范性（见《泰山秦御道讲解词（部分）》）。例如，近年来泰山景区更新制作了各类公共信息符号标志标牌3200余块，在进山路口和主要景区设置中英文对照的大型信息展示牌24块、安全警示牌1050块（见图

5-1）、游客须知牌 120 块、导向牌 400 余块、温馨提示牌 330 块，有效提升了景区服务游客的水平。

泰山秦御道讲解词（部分）

　　从泰山天烛峰景区到山顶的后石坞景区，是泰山最早登山路线，也是自然景观最集中、最优美的一条路线。这里山峰险峻，山谷幽深，奇松怪石遍布，山泉、溪流、瀑布随处可见，充满了自然的原生野趣，所以人们称之为泰山的奥区。游人置身其中如在画中，所以又称为泰山的"十里画廊"。此路又称秦御道，据史书记载，秦始皇公元前 219 年东封泰山时，于此登山。

　　泰山天烛峰景区，因大、小天烛峰而得名，景区全程约 5.4 千米。沿途经封禅大典实景基地、拜山亭、升升亭、仙鹤湾、龙脊、好汉坡、山呼门、风魔涧、大天烛峰、小天烛峰、九龙岗、元君庙、北天门等景点，直达玉皇顶。

　　下面让我们沿着这条古御道，走进大山，去领略泰山的雄、秀、俊、险、俏。

图 5-1　安全警示牌

　　二是标识系统完善。泰山景区注重标识系统从图形、外观、材质等进行系统的规范化设计制作，特别是导览图及景物介绍牌根据区域的不同做到了多样图案、直观明了，与景区整体氛围等方面相适宜。各类标识材质、外观和风格要与景区类型、特色、环境协调一致（见图5-2），各种标识按照不同功能进行划分的同时，也确保了各系统之间的有机结合，标识系统基本做到了无脱落、无毛刺、无腐蚀等现象。

图5-2 导向标识牌和景物介绍牌

（三）高度重视保持文物古迹和景观的真实性和完整性

泰山景区对自然景观和文物古迹采取有效的措施保护原有风貌，有效预防自然和人为破坏，营造特色景观，使泰山的文物古迹、古树名木得到了良好的保护。泰山景区有古树名木1.82万株，于1993年、2002年、2008年先后组织了三次古树名木普查工作，对现存的古树名木均挂牌建档，景区内为树让道的现象十分普遍。在具体实践中制定了各类文物的保护措施，将文物古迹的保护工作纳入规范化、法制化的轨道，采取有效措施阻止游客触摸、刻画、坐骑文物古迹、古树名木等，在重点保护文物、古树名木处应设警示标志，并有专人巡视，对已遭破坏的景观环境和文物古迹应及时维修。例如，五大夫松位于泰山景区云步桥北侧的五松亭，与公元前219年秦始皇泰山封禅有关，该树为清代（1730年）补植，具有200多年的树龄，为了彰显文化氛围，五大夫松的标识用石头做成，内文用铜板篆刻，显示出厚重的文化积淀，与周边五松亭等景观环境具有较好的协调性（见图5-3）。

图 5-3　五大夫松景物介绍牌设计与历史背景、周边环境相宜

（四）积极打造智慧景区

泰山景区根据游客的需要，积极适应科技信息化的变化，积极把大数据、云计算、AI人工智能和物联网作为信息化的主要方向，以建设智慧景区为核心探索出了前沿科技与智慧旅游场景结合的合作模式。2019年5月，百度地图与泰山景区围绕智能旅游设立了泰山—百度地图智能旅游创新中心，2019年12月，泰山—百度地图AR智能导览景区上线，泰山景区成为国内首家"AR智能导览景区"，产品根据游客游览过程分为"行前""行中"两个部分，充分展现大型实景AR呈现能力，为游客提供沉浸式游览体验产品。例如，游客可以通过百度地图3D虚拟技术360°欣赏泰山全景模型，全面了解各条游览泰山的经典线路及沿途景点，在游览泰山的过程中对感兴趣的景观，也可以使用百度地图开启AR扫一扫，即可获取语音导游的详细讲解，实现"所见即所得"，对景点有更详细的了解，通过AR智能导览全面感受泰山的优美风景和历史文化。

（五）注重服务游客平台建设

一是成立呼叫服务中心。为了畅通服务渠道，泰山景区将原有5369580、8066077等各类功能服务号码逐步停用，于2018年8月成立统一热线电话：

0538-9600888，统筹处理咨询、投诉、救援等服务，"一个号码"为游客提供全面旅游服务，实现服务"马上办、网上办、一次办"。泰山景区呼叫服务平台提供自助查询服务和人工座席服务，自助查询服务主要内容为：门票价格、旅游路线、索道价格及开放时间、日出时间、封禅大典票价及开放时间等；人工座席服务设立6个人工座席，24小时在线为游客服务，主要提供景区各类信息服务。同时，呼叫服务平台接受游客广播寻人、旅游投诉、救援救助呼叫等服务要求，为游客提供了便捷高效的服务。

二是设立提醒短信。鉴于不少到泰山景区的游客不了解景区的服务热线和微信公众号，查询景区相关信息时受限，泰山景区积极与中国联通、中国移动合作，自2019年8月1日对进入泰山景区的所有移动和联通的手机用户发送温馨提示，游客进入景区均可收到"登泰山保平安，泰山祝福您！观世界遗产，做文明游客，智慧旅游、微信购票请关注公众号泰山风景名胜区，服务热线96008888"的温馨提示。通过短信提醒，不断增加大微信公众号和景区服务热线对游客的服务能力，有效实现及时、快速、畅通地对客服务。

三是做好平台咨询工作。泰山景区在官方网站（www.mount-tai.com.cn）和官方微信公众号（china-taishan）设立专门的咨询服务栏目，恪守"待游客如亲人"的服务理念，适时、快速地对游客的咨询给予回答，持续提升服务品质，持续为游客提供精细化、人性化服务，努力把官方网站、微信公众号等渠道的便捷服务功能用实用足（见图5-4）。

图5-4 官微对游客咨询的服务平台

第二节　通灵大峡谷 [①]

一、基本情况

广西通灵大峡谷景区地处广西壮族自治区百色市所属县级市——靖西市内，位于中越边境线上，地处北回归线以南、云贵高原南缘，属古龙山自然保护区范围内。景区距离靖西市区 35 千米，距离百色市区 157 千米，距离广西首府南宁市 230 千米，属于广西边关旅游风情带的核心区域，2006 年被评定为国家 4A 级旅游景区。通灵大峡谷景区拥有罕见的自然景观和丰富的物种资源，具有 2300 多种植物，其中不乏桫椤、原始观音莲座蕨等珍稀物种。景区所在地还是壮族分支——蓝衣壮的聚居地，具有浓厚的民族文化氛围。经过近 20 年的发展，通灵大峡谷景区现已成为集自然观光、康养休闲、民俗文化、边关风情于一体的综合型旅游景区，以震撼的自然景观、深厚的文化资源、丰富的游览体验、良好的服务品质享誉市场，景区的年游客量逾 50 万人次。

二、发展历程

广西通灵大峡谷景区始于 1999 年对景区进行开发建设，并确定景区核心区区域面积为 18.88 公顷，包括通灵峡与念八峡两大峡谷，峡谷与峡谷间由地下暗河隧道贯穿而成，目前由广西通灵大峡谷旅游有限责任公司负责运营。2016 年，公司通过 ISO GB/T9001：2008 质量管理体系认证。广西通灵大峡谷旅游有限责任公司与北京达沃斯巅峰旅游投资管理有限公司于 2016 年达成《广西通灵大峡谷风景区综合运营管理服务合同》，巅峰项目组于 2016 年 8 月

---

① 本案例资料由北京巅峰智业旅游文化创意股份有限公司提供。

起对通灵大峡谷景区进行托管，目前景区门票为 115 元 / 人，景区费用信息如图 5–5 所示。

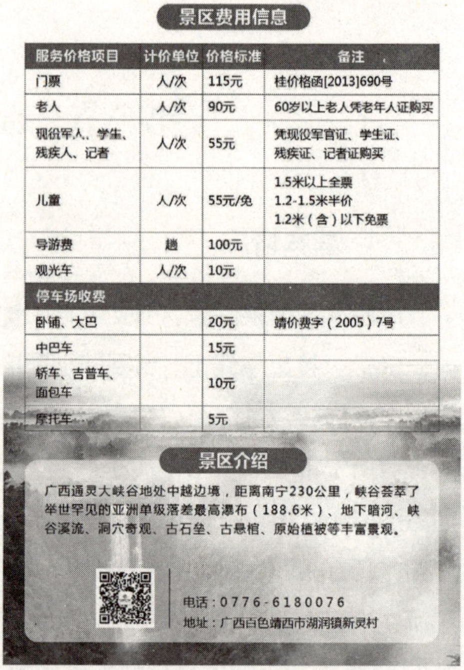

三、服务与管理主要特点

（一）管理体系日趋完善

一是注重健全的管理制度。切实做好规范的工作流程，保障有效的考核体系，确保景区长效发展。2016年景区的组织架构进行重新梳理，围绕景区运营工作开展需要制定三定方案，并优化《员工手册》及各部门的管理制度，目的是让每一名员工清楚地知晓应该做什么、怎么做、按照什么标准完成、做得好有什么奖励、做得不好有什么处罚、遇到突发事件怎么处理。

景区费用信息

服务价格项目	计价单位	价格标准	备注
门票	人/次	115元	桂价格函[2013]690号
老人	人/次	90元	60岁以上老人凭老人证购买
现役军人、学生、残疾人、记者	人/次	55元	凭现役军官证、学生证、残疾证、记者证购买
儿童	人/次	55元/免	1.5米以上全票 1.2-1.5米半价 1.2米（含）以下免票
导游费	趟	100元	
观光车	人/次	10元	
停车场收费			
卧铺、大巴		20元	靖价费字（2005）7号
中巴车		15元	
轿车、吉普车、面包车		10元	
摩托车		5元	

景区介绍

广西通灵大峡谷地处中越边境，距离南宁230公里，峡谷荟萃了举世罕见的亚洲单级落差最高瀑布（188.6米）、地下暗河、峡谷溪流、洞穴奇观、古石垒、古悬棺、原始植被等丰富景观。

电话：0776-6180076
地址：广西百色靖西市湖润镇新灵村

图 5–5　景区费用公示

二是全面落实管理责任。为保证景区各项制度及各工作流程得以充分贯彻落实，不断加大监督力度，确保每一名员工按照标准执行，对未执行到位的员工进行现场指导；同时，通过邀请外部培训与组织召开内部交流会的方式，努力提高员工的业务技能；通过优秀部门及优秀员工的评选，表彰先进，号召企业内部形成相互激励、共同进步的良好风气，不断促进企业整体向前发展。

（二）推动智慧景区建设

为促进景区高效、智能管理，不断推进智慧景区建设的步伐，景区正在不断努力。一是在景区范围内基本实现网络、音响、监控覆盖，监控智慧中心的设置极大提高了景区的安防管理能力；二是上线办公平台，极大提高了景区办公的时效性及与渠道商业务往来工作的便捷性；三是利用科技、智能产品提升游客体验，手机购票、智能导览等功能的引进，为游客带来了便捷而丰富的游览体验（见图 5-6）。

图 5-6　官网虚拟旅游系统

（三）注重企业文化建设

注重通过企业文化建设，不断增加员工的使命感、幸福感、归属感。景区从员工职业发展出发，为员工成长提升搭建平台，建立公正的晋升渠道，并从提高员工福利、坚持对员工家庭走访慰问、丰富员工业余文化生活等方面入手，加强团队建设。通过不断加强企业文化建设，员工的精神面貌有了明显转变。在工作上，企业内部交流对接更为顺畅，企业人员稳定性得到提高，尤其是在面对重要事件时，企业内部能够做到齐心协力、高效团结地完成任务。

一是增强职业发展规划。景区从员工的自我提升需求考虑，每年制订丰富翔实的培训计划，邀请行业专家、学者为员工带来系统的课程培训与经验分享（见图5-7）；同时，鼓励员工主动学习、考证，对于学有所得者均予以奖励。

图5-7　制度性集中培训体系

二是拓宽员工晋升通道。景区不仅对员工职级的晋升予以大力支持，同时也在同职级间开放了奖励优秀的政策。以金牌讲解员的评选为例，景区在讲解员队伍中，评选出占总名额20%的"金牌讲解员"，获评的讲解员在待遇方面可获得额外奖励，并于每季度进行一次评比更新。"金牌讲解员"奖励政策的推出，极大提高了讲解员的工作积极性与学习热情，在讲解员内部形成了良好的竞争风气，整体的服务意识与业务水平有了显著的提升。

三是加强福利和人文关怀。景区工会组织对于员工的福利保障起着重要的作用，企业工会按照工会制度，通过开展对困难职工的慰问与帮扶、走访员工家庭了解员工情况、传统节日发放慰问品等方式充分体现对工会职工的人文关怀，使景区真正像一个大家庭一样具有归属感。

四是不断加强正面引导。景区通过定期举办运动会、游学活动等方式，倡导积极向上、健康良好的生活方式，这是广西通灵大峡谷景区企业文化的重要组成部分。举办运动会旨在向大家传递健康生活的正能量（见图5-8），并为景区内部相互交流提供平台，对景区凝聚力、向心力的形成具有积极作用。同时，作为旅游行业从业者，为了使员工在日常工作中能够换位思考，充分考虑游客诉求，景区每年组织一次员工游学活动，让员工以游客的角度感受景区服务的细节所在，从而对自己的工作意义产生更为深刻的认识。

图5-8　职工运动会

（四）注重景观和环境的保护

通灵大峡谷景区属亚热带原始雨林，景区内植物景观为典型的亚热带原始雨林景观，植物种类丰富，植物群落多样，群落结构复杂，大叶、多果的植物种类多，超过2300种的植物在此生长，其中不乏桫椤、原始观音莲座蕨等珍稀物种，被誉为"最绿峡谷""植物王国"。在景区发展过程中，景区始终遵循着保护性开发的原则，将峡谷的生态环境保护作为景区开发的前置条件，并且每年都会投入资金用于生态环境维护。在游览时，景区内丰富多样的植物是游览线索之一，景区围绕特色植物，以植物为主角营造的景观节点，是景区一大特色。由植物介绍牌、宣传折页、公众号专栏、讲解服务等多方位塑造起的植物科普系统，极大满足了游客的研学需求，在研学过程中亲近自然、探索自然的过程给许多游客带来了深刻的体验，充分展现了"玩索而有得"的科教意义。

（五）推出文化体验旅游产品

通灵大峡谷景区所在当地是壮族分支——蓝衣壮的聚居地，为了将民族文化更好地融入游览中，增加文化的互动性、娱乐性，景区将民族文化打造成不同的旅游产品，充分体现文化基底（见图5-9）。

图5-9 特色营销海报

一是加强民族特色迎宾服务与讲解服务。景区讲解员统一身着蓝衣壮传统服饰，在景区门口列队以山歌迎宾，载歌载舞欢迎游客到来，从景区入口起即营造欢乐的游览氛围。在讲解服务中，讲解员也会穿插讲解当地民俗文化，并以当地传统的迎客方式与游客进行互动。

二是建设民族建筑——对歌楼。壮族素以"歌海"著称，景区内建有对歌楼一座，与主游线隔河相望，在对歌楼上有景区工作人员身着壮家服饰与过往游客对歌互动，歌声荡漾在青山绿水间，人文与自然景观相融合产生别具一格的美。

三是完善民俗表演场。在游览将要结束时，景区为游客提供免费的民俗表演节目，表演内容均来源于当地原汁原味的生产生活方式，并在表演中穿插当地传统游戏，如竹竿舞、抛绣球等，邀请游客上台互动体验，留下难忘的经历。

第六章
森林公园类旅游景区

第一节　阿尔山国家森林公园[①]

一、基本情况

阿尔山国家森林公园位于内蒙古自治区兴安盟阿尔山市（大兴安岭山脉的西南麓），总面积 1031 平方千米，是阿尔山·柴河旅游景区（5A 级，2017）的核心组成部分，由内蒙古大兴安阿尔山旅游开发有限责任公司负责运营，拥有金江沟、柴源两个景区，门票价格为 180 元／人次（两日有效，内发改费字〔2014〕83 号），现有职工 653 人（不含季节性临时人员），2019年公司总资产 3.9 亿元。阿尔山国家森林公园景点特色突出，景区旅游资源富集、组合度好、观赏价值高，集原始性、神奇性、多样性于一身，拥有原始森林、火山遗迹、温泉矿泉、高山湿地、河流湖泊、峡谷奇峰、冰雪运动、民俗文化等旅游资源。

二、发展历程

阿尔山国家森林公园于 2000 年 2 月经国家林业局批准成立。2017 年 5 月在联合国教科文组织执行局第 201 次会议上获评成为我国第 34 个世界地质公园，也是目前我国境内最大的火山温泉国家地质公园。2017 年 2 月，阿尔山·柴河旅游景区被评定为国家 5A 级旅游景区，阿尔山国家森林公园是阿尔山·柴河旅游景区的核心组成部分。近年来，阿尔山国家森林公园先后获得"全国科普教育基地""全国最具影响力森林公园""中国最美森林旅游景区""国家生态旅游示范区"等荣誉称号。

阿尔山国家森林公园拥有 30 余处可开发景点，在这些景点中，有七大天

---

① 本案例部分资料由汇景天下（北京）旅游服务有限公司提供。

池、九大堰塞湖，有海拔高度全国第三的天池——阿尔山天池，有亚洲面积最大的近期死火山玄武岩地貌——石塘林，有目前国内唯一保存完整的龟背熔岩，有融入大量矿物质和宝贵微量元素的金江沟、银江沟温泉群等宝贵的旅游资源，阿尔山国家森林公园现已基本形成了具有观光、疗养、休闲、度假、健身、娱乐、会议、科考、探险等多功能的服务体系。目前，阿尔山国家森林公园已开发了阿尔山天池、驼峰岭天池、地池、三潭峡、石塘林、杜鹃湖、大峡谷、玫瑰峰、龟背岩、不冻河 10 处景点（见表 6-1）。

表 6-1　阿尔山国家森林公园已开发景点一览

景点	建成时间	景点	建成时间
三潭峡	2002 年	杜鹃湖	2007 年
龟背岩	2007 年	地池	2008 年
阿尔山天池	2007 年	大峡谷	2008 年
驼峰岭天池	2007 年	玫瑰峰	2009 年
石塘林	2007 年	不冻河	2013 年

三、服务与管理主要特点

（一）创立联合督导服务机制

为加强对整个景区服务工作的督导，阿尔山国家森林公园与专业机构建立了紧密的合作关系，由汇景天下（北京）旅游服务有限公司设立阿尔山服务项目，专项参与景区部分管理，共同开展的工作包括：整改提升方案、综合培训、绩效考核标准化及驻场指导等。服务督导合作自 2017 年 3 月以来，以"培训指导＋联合管理"的方式开展合作，基本实现了无重大投诉，通过有效的服务管理真正实现了 5A 级旅游景区服务的金字招牌与良好的游客口碑的有机结合。

一是制订整改提升方案。为提高阿尔山国家森林公园 5A 级旅游景区的硬件设施达标与管理服务水平，依据国家标准《旅游景区质量等级的划分与评定》（GB/T 17775—2003）从旅游交通、游览、旅游安全、卫生、邮电、购物、综合管理、环境与资源保护八个大项入手，并结合特色文化、信息化，总计十个方面，汇编整理出适用于阿尔山国家森林公园的《5A级整改提升方案》。例如，整改提升内容在完善公共服务体系方面，针对旅游交通可进入性较差、停车场配套不完善、内部交通差等问题提出完善城市标识系统、增强旅游接待能力、提升旅游环境、提升服务质量等意见，并进行了总体筹划。

二是开展综合培训。基于《5A级整改提升方案》，汇景天下（北京）旅游服务有限公司选派专业培训团队对阿尔山国家森林公园全体员工进行综合培训，内容涵盖景区运营管理、服务礼仪、市场营销等方面，培训课程包括《国家5A级旅游景区管理服务》《阿尔山5A级景区行为服务礼仪》《阿尔山5A级景区服务意识》《景区旅游环境管理》《网络舆情管理》等，进一步提升了员工业务素质、服务意识和岗位技能，并且使得景区全员上下对5A级景区这一金字招牌有了新的认识。

三是建立外部驻场指导制度。合作双方工作开展后，专业团队进驻景区，每日对景区日常管理及员工服务质量进行跟踪、指导、检查、监督与考核，发现问题及时纠正和指导，落实到人，保障监督成效，使培训效果落到实处，严格按照国家5A级旅游景区标准规范管理服务工作，提升景区管理水平与接待服务质量。

四是推行绩效考核标准化。合作双方工作开展后，结合阿尔山国家森林公园实际情况，针对一、二线员工和各部门制定了《阿尔山景区员工绩效考核方案》《景区日巡检表》《景区员工通用考核细则》与《岗位考核细则》等，并结合暗访督导，对景区员工实行打分考核，形成长效机制，把服务培训内容落到实处，真正做到让游客满意、树景区口碑。

（二）旅游标准化贯彻得力

阿尔山国家森林公园在景区建设中始终认真贯彻国家标准《旅游景区质量等级的划分与评定》（GB/T 17775—2003）的要求，多年来按照5A级旅游景区评定标准不断完善景区建设，精心组织和实施高标准的达标体系，不断探索的同时，高度注重实践，并结合景区实际打造出具有自身特色的服务设施，营造了高水平的服务水平能力。

一是各种标识特点突出、规范、适用。包括导游全景图、导览图、标识牌、景物介绍牌等各类标识造型特色突出（见图6-1）。例如，全景图规范性强且具有特色，全景图正确标识出了主要景点及旅游服务设施的位置，包括各主要景点、游客中心、厕所、出入口、医务室、公用电话、停车场等，并明示咨询、投诉、救援电话，全景图除了在旅游景区停车场、游客中心、检票入口处设立外，在主要旅游节点均有设置，方便游客及时查看。

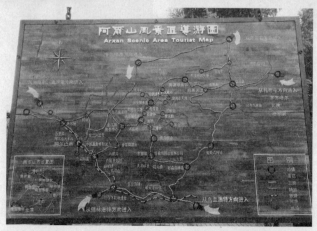

图6-1 各类标识（标识牌、导览图、全景图）

二是对自然景观保护措施科学。采取科学防控措施有效预防自然和人为破坏，设立了防护栏等阻止游客触摸、随意进出景观，同时设立了各类警示标志，并有专人进行巡视。例如，观光木栈道建设不破坏沿途树木生长，在设计、施工时注重保护沿途树木，给沿途树木预留出充足的生长空间（见图6-2）。

图 6-2　景观保护措施

三是全面提升厕所的建、管、养水平。2017 年以来，阿尔山国家森林公园在不断完善景区卫生间基本功能的同时，对各景点厕所内外实施了具有特色性、景观性和地域文化性的硬化、亮化、绿化、美化工程，认真按照《旅游厕所建设管理指南》（国家旅游局 2015 年 4 月颁布）进行建设，总体上做到了布局合理，数量能有效满足游客需要，厕所各类标识醒目美观，厕所建筑造型景观化，注重根据区域环境和文化进行创新设计，突显林区文化特色，在厕所墙体上张贴了美术作品和温馨提示，显现出浓郁的地域文化氛围。仅 2018 年，按照 3A 级旅游厕所标准，阿尔山森林公园在景区内改扩建水冲厕所 15 座，在原有卫生间基础上，新建成第三卫生间 3 座，公园内所有厕所充分结合了林区环境，全部使用木质材料，将厕所的建筑融入了当地林区和火山元素，均建设成为"生态厕所"（见图 6-3）。

图 6-3 景区内旅游厕所

（三）全力打造智慧景区

阿尔山国家森林公园不断推动智慧景区的建设，积极推动旅游资源管理、移动终端服务、景区流量监控、智能导览等系统的有效使用，经过多年努力使景区管理由离散向集约、由粗放向精细、由扁平向立体转型升级，有效助力了阿尔山国家森林公园营造良好的旅游体验。

一是注重加强信息化基础设施建设。阿尔山国家森林公园信息化、智慧化建设起步较早，仅在 5A 级旅游景区创建期间就投入了 3700 万元，建设了覆盖全景区的服务线路（平台）约 62 千米，设有 94 路固定视频头、车载视频头 250 路、113 部车载对讲机、45 个广播音柱、19 座塔房，中心机房安装部署一台网闸设备。在信息化基础建设上，逐步实现和建成了车船定位、票务门禁系统、公共信息发布、视频监控、无线数字对讲、公共服务平台、广播系统、传输网络（LTE）、旅游资源管理、电子商务、门户网站、移动终端服务等功能，这些基础信息设施和游客信息通道的建成，在充分保证数据安全的情况下，有效地实现了内外网访问互通、景区远程监控等功能，实现了公共平台服务系统内网的运行和维护工作。

二是打造多个智慧平台。2017 年以来，阿尔山国家森林公园先后实现了"网络实名制购票""景区 Wi-Fi 全覆盖""远程监控系统""智能导览""OA 办公系统"和"大数据分析"等系统的上线应用。目前，"一个数据中心、两个网络系统（内部局域网和外部互联网）、三个管控平台（游客信息服务平台[①]、旅游市场营销平台、旅游综合管控平台[②]）"网格系统初步完成，初步建立起以"智慧景区运维中心"为核心的"智慧管理""智慧服务""智慧营销"的三大体系（见图 6-4）。近年来，随着智慧景区项目的有序实施和陆续投入使用，阿尔山国家森林公园整体运营管理也变得更加智慧，到访游客在游览

---

① 游客信息服务平台，主要方便游客通过官网、官微等渠道在游前、游中、游后全方位了解阿尔山国家森林公园，有效提供了包括景区介绍、景区导览、规划线路等在内的内容。

② 游客综合管控平台包含了公共服务平台、视频监控系统、票务与门禁系统、景区流量监控等多系统的有效融合，一个平台实现了多种功能，做到了有效的互联互通，在极大地节约运营成本的同时，便利了管理，有效地提升了为游客服务的力度和水平。

过程中获得了更为便捷的信息，旅游体验也更加轻松。

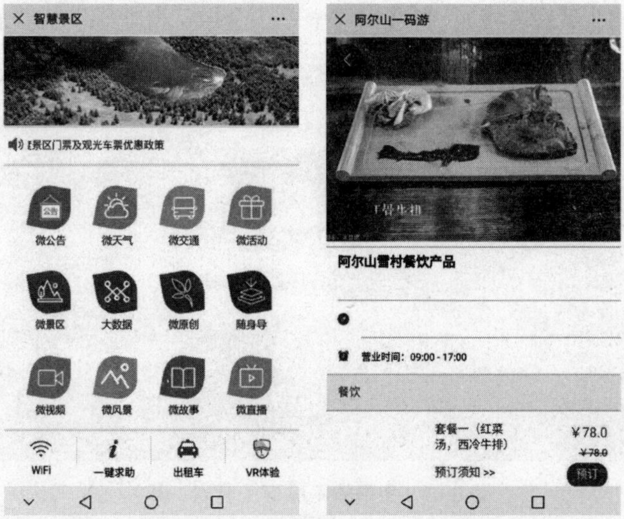

图 6-4　官微上的智慧景区页面及特色旅游商品销售

三是设立智能体验中心。2017 年阿尔山国家森林公园在金江沟游客中心设立了景区智能体验中心，智能体验中心使用面积 130 平方米，智能体验中心共分为 5 个板块[1]，是阿尔山智慧景区建设中虚拟景区的一项重要内容，旨在通过虚拟现实技术将阿尔山秀美的风光展现给广大游客。例如，在智能体验中心能与游客顺利交流的智能机器人"小笨"，游客可以通过与"小笨"对话、提问等有效的人机交流的方式，了解阿尔山国家森林公园相关的旅游资讯，为游客提供更好的旅游体验。

（四）重视破解冬季旅游难题

为做好全季旅游，有效平衡旅游淡旺季，特别是针对旅游淡季游客急剧下降，发挥好冬季的旅游资源优势，做好冬季旅游、实现冬夏两旺，阿尔山国家森林公园以"做强旺季，延长淡季，发展全季"为目标，以"两高两旺一节"[2]

---

[1]　其中"VR"虚拟现实体验是利用仿真技术与计算机图形学形成的多媒体传感技术，阿尔山国家森林公园目前已经制作了三个版本的"VR"视频素材，游客可以从不同角度，360°全方位地观看并了解景区。

[2]　"两高两旺一节"即"五一""十一"两高、冬夏两旺和春节。

为营销节点，以大数据为依托的营销策略，发挥"旅游+"的魅力，着力深挖冬季旅游文化（见图6-5），打造出"全季、全域、全业态"的新旅游模式。

图6-5　冬季的不冻河（霍岩/摄）

一是全力打造冬季旅游产品。依托阿尔山国家森林公园及阿尔山市拥有丰富的冰雪资源且雪期长、雪质好的特点，阿尔山国家森林公园全力打造了冬季旅游产品，近年来投资兴建了阿尔山雪村、阿尔山冰雪乐园、金江沟戏雪乐园等，承办了第十四届阿尔山冰雪节，着力打造了冬季旅游核心吸引力。同时，结合阿尔山市其他旅游资源，如温泉、滑雪、地质博物馆、千里雾凇奇观等，阿尔山国家森林公园营销团队积极开展精品线路设计，有效实现资源互补和协同发展，主动为旅行商提供性价比非常高的冬季旅游组合产品，为冬季旅游发展奠定了良好的供给基础。

二是注重以政策引领带动旅游市场。从2018年冬季开始，阿尔山国家森林公园所在地区——兴安盟和阿尔山市两级政府出台了冬季旅游奖补政策，极大地刺激了旅行商做热阿尔山旅游产品的积极性。阿尔山国家森林公园营销团队积极用好、用活奖补政策，开发设计组合产品，不断刺激旅游市场，在主要客源市场——东三省和京津冀进行了广泛的营销和推广，促成众多旅行社开通了阿尔山旅游专列，为冬季旅游的发展奠定了基础。

（五）打造游客投诉零距离暖心服务

阿尔山旅游国家森林公园设立专职投诉办公室负责及时处理各类旅游投诉，保障游客合法权益，显著提高了游客满意度。为有效保证各项工作有章可循，投诉办公室优化了各项规章制度，完善了投诉处理流程，并注重提升投诉服务的业务水平。在 2019 年全年受理的各类旅游咨询、救助和投诉中，接听咨询电话数量同比去年增加 26%，投诉电话数量同比去年下降 51%。在认真、仔细回答游客咨询的同时，主动提醒游客观光游览时的注意事项，告知游客目前景区景点详细情况、观光车运行方式、景区服务区住宿情况等，为游客提供更加细致、温暖的冬季旅游服务。为提升工作人员的业务理论水平，投诉办公室通过组织购买、借阅关于服务行业投诉处理方面的专业书籍，利用业余时间进行学习，提升工作人员的业务理论水平，改进与游客交流时的谈话技巧，增进开拓创新的意识，牢记服务宗旨，为游客排忧解难。

（六）新业态助力多元化发展

阿尔山国家森林公园积极筹备建设房车营地、自驾车营地、地球仓宾馆、智能化蒙古包度假群等旅游新业态，增强旅游吸引力，有效延长游客停留时间。例如，阿尔山金江房车（自驾车）营地，位于阿尔山国家森林公园金江沟门区，总面积 1.6 万平方米，由住宿、野炊、烧烤、野外宿营、补给等多个特色板块构成，能够为国内外房车爱好者提供全方位的服务，现在阿尔山金江房车（自驾车）营地不仅成了阿尔山国家森林公园的一个亮点，也成了区域性特色旅游的一种新业态。

（七）通过营销团队拓展客源

阿尔山旅游公司紧抓"两高两旺一节"的营销节点，与阿尔山市文化旅游体育局联合，协同阿尔山海神圣泉旅游度假区、天池度假酒店、泉城美景精品酒店等阿尔山当地多家知名旅游企业，以政企联合的方式，常年在周边主要客源市场开展"阿尔山旅游营销推介会"。阿尔山国家森林公园营销系列推介活动，对于加强包括阿尔山国家森林公园在内的阿尔山地区与主要客源地区的业务交流，促进与各地旅游互动，推进阿尔山旅游区域一体化进程等具有积极作用。例如，2019 年 6 月 5 日在大庆站召开旅游推介会期间，得到了大庆市旅游行业协会、大庆市广播电视台及大庆市 70 余家旅行社的大力支持，推介会上阿尔山独特的火山温泉、森林草原、地质奇观等诸多元素，吸引了现场多家旅游企业的关注，"春季踏雪赏花、夏季避暑休闲、秋观多彩森林、冬游原生雪乡"的四季旅游产品、阿尔山地质研学三日游、清凉一夏家庭 4 日游的团队专属产品，以及阿尔山地区门票优惠政策的相继推出，更是引发了大庆旅游企业的广泛关注，大庆市新闻媒体代表也在参会后做了专题现场报道。

第二节　亚龙湾热带天堂森林公园 ①

一、基本情况

亚龙湾热带天堂森林公园位于海南省三亚市亚龙湾国家旅游度假区，占地面积 1506 公顷，分为东园和西园。亚龙湾热带天堂森林公园与亚龙湾国家旅游度假区互为依托，是三亚亚龙湾由滨海向山地、由海洋向森林、由平面向立体、由蓝色向绿色的重要延伸通道，被誉为三亚的"城市绿肺"。亚龙湾热带天堂公园定位于建设国际一流的滨海山地生态观光兼生态度假型森林公园，植被类型包括热带常绿性雨林和热带半落叶季雨林，生物、地理、天象、水文、人文资源丰富多彩，着力打造集滨海山地特色观光、康养、体验等于一体的旅游景区。

2009 年，亚龙湾热带天堂森林公园（包括鸟巢度假村）投入 19 亿元建成，近年来先后获得国家生态文明景区、森林养生国家重点建设基地、全国文化产业示范基地等称号。2013 年，亚龙湾热带天堂森林公园被评定为国家4A 级旅游景区，目前开展了登山探险、野外拓展、休闲观光、养生度假、科普教育、民俗文化体验等多种旅游活动，营业 10 多年来接待了超过 1000 万

---

　　① 本案例编写参考了亚龙湾热带天堂森林公园官方网站（park.ylwpark.com）、官方微信公众号（微信号：YLWPARK）等相关资料。

的中外游客。

二、发展历程

2002 年三亚市亚龙湾森林公园项目启动筹备，通过招商引资历经 7 年的筹建，2009 年 9 月亚龙湾热带天堂森林公园及鸟巢度假村全面试营业；2010 年《非诚勿扰Ⅱ》将亚龙湾热带天堂森林公园作为主景地，2010 年 12 月电影《非诚勿扰Ⅱ》的公映，促使三亚市和亚龙湾热带天堂森林公园（鸟巢度假村）成为热门旅游目的地、热门景点；2011 年亚龙湾热带天堂森林公园通过 ISO 14001 环境管理体系与 ISO 9001 质量管理体系认证；2012 年新建海南最长的高空滑索项目正式开业营运；2013 年亚龙湾热带天堂森林公园被评定为国家 4A 级旅游景区；2014 年荣获"全国文化产业示范基地"荣誉称号、"全国用户满意服务企业"称号，并获国家质检总局批准筹建"全国热带森林生态休闲旅游知名品牌创建示范区"；2015 年被原国家旅游局评为中国首批"全国旅游价格信得过景区"，海南省旅游景区首个 XD 影院——"雨林魔幻影院"在亚龙湾热带天堂森林公园开业；2016 年荣获"全国生态旅游示范区"荣誉称号；2017 年获得三亚首批全域旅游婚纱摄影基地称号；2018 年出台惠民措施，主动调整门票价格，在基准价上降价 10%（见表 6-2）；2019 年荣获"森林养生国家重点建设基地"称号。

表 6-2 热带天堂森林公园门票价格调整对比

	调整前		调整后	
	淡季	旺季	淡季	旺季
门票	100 元／人	120 元／人	90 元／人	108 元／人
游览车票	50 元／人	50 元／人	50 元／人	50 元／人

备注：1.旺季时间为每年 10 月 1 日—次年 4 月 30 日；2.减免优惠：对 6 周岁（含）以下或 1.2 米（含）以下儿童、70 周岁（含）以上老年人、现役军人（参团军人除外）、革命伤残军人、离休军人、残疾人凭有效证件免门票，对 6 周岁（不含）至 18 周岁（含）未成年人、全日制大学本科及以下学历学生、持全国优待证 60 周岁（含）以上 70 周岁以下老年人凭有效证件实行门票半价优惠。

三、服务与管理主要特点

（一）公共服务服务体系完善

一是规范化设置游客中心。亚龙湾热带天堂森林公园游客中心位于景区西大门售票处旁（见图6-6），主要提供咨询投诉、邮政、失物招领、行李寄存、影视厅、导览资料及其他满足游客需要的服务，游客中心大堂设有景区微缩景观模型，便于游客对景区概览。游客中心各种服务设施齐全、规整，且全部投入使用，对各类设施、设备也制定了详细的使用、操作规范（见《游客中心小件行李寄存管理条例》），游客中心周边设置了自动售票处、网络取票处（见图6-7），方便游客购票、取票。

图6-6 游客中心及各类信息查询平台

游客中心小件行李寄存管理条例

1. 寄存范围：随身携带的小件行李

2. 寄存时间：8：00—17：30

3. 游客将需寄存的小件行李交给服务人员后领取寄件牌，请出示寄件牌领取行李

4. 寄件牌请游客自行妥善保管，如有遗失应及时挂失，并在领取行李前出示有效身份证明，说明行李数量和特征方可领取，同时赔偿相应费用

　　5.严禁寄存易燃易爆等危险物品、现金和贵重物品，游客应给予检查寄存物品的配合

　　6.服务物品使用规定。游客中心免费为游客提供借用轮椅、婴儿车、拐杖、登山杖、玩具等服务，借用时需登记身份证或有效证件号码，并交纳押金（轮椅押金500元，婴儿车与双拐押金200元，拐杖和登山杖等押金100元）。待游客退回租赁品检查无损坏后退回游客押金、并请游客签字确认，如有损坏照价赔偿

图6-7　自动售票处/网络取票处

　　二是各种引导标识标准化程度高。各类引导标识包括全景图、导览图、标识牌、景物介绍牌等设置合理，在全景图中能够正确标识出主要景点及旅游服务设施的位置，包括各主要景点、游客中心、厕所、出入口、医务室、公用电话、停车场等，并明示咨询、投诉、救援电话。道路导向指示牌有效做到了指示明确，主要节点的道路导向指示牌做到了中外文对照说明。除英文外，根据旅游景区主要客源地语言——俄语，对部分导向指示牌进行了俄文标注（见图6-8），做到了各类标识中外文表述正确。景物（景点）介绍牌简介、要素突出，部分景物介绍牌能够通过二维码展示综合介绍（见图6-9）。

图6-8　标有俄文的道路导向指示牌

图6-9　景物介绍牌

　　三是安全警告措施得当。亚龙湾热带天堂森林公园主要游览区域、主要游览节点各类安全警告标志、标识齐全、醒目、规范，起到了充分保护、提醒游客的作用，各类安全标志及信息符号的应用做到了充分、正确、实用（见图6-10）。

图6-10　各种安全警告措施（台阶警示色、请勿翻越等）

（二）卫生标准化程度高

一是垃圾管理有序。能够做到垃圾清扫及时，达到日产日清和及时流动清扫。垃圾箱布局合理，景区设置了分类垃圾箱，且数量充足、布局合理（见图6-11），垃圾箱外观与景观环境相协调。

二是厕所日常管理规范。公园内厕所建、管、养管理扎实，厕所普遍能做到干净整洁、服务规范，公园内厕所要求布局合理，数量能满足需要，标识醒目美观，建筑造型景观化，厕所管理全面、制度规范（见图6-12），并安排专门人员进行定时清理，注重维护厕所设施，及时补充日常消耗品。例如，公园内用红木搭建敞开式厕所，屋顶覆盖茅草，全敞开的窗口把亚龙湾的山景、海景引入厕中，充满山野之趣。

图6-11　公园内垃圾箱

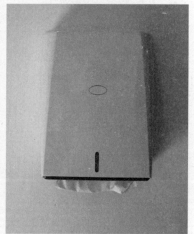

图 6-12　厕所管理规范化管理

（三）推动主题邮局建设

亚龙湾热带天堂森林公园利用地处海南岛最南的地理优势，在公园内设立了主题邮局——最南邮局（见图 6-13），打造成集独特性、文化性与体验性于一体的特色邮政体验，将公园的特色文化和邮政的书信、函件、集邮文化相结合，突出主题鲜明，实现了社会与经济效益的双丰收。在最南邮局设立了明信片门票收寄点和信筒，并制作纪念邮戳，为游客邮寄、收藏提供基本配套服务。针对游客的现实需求，推出多种具有地方特色的文化创意的邮政产品，如纪念封、邮册、书签、许愿瓶、邮政主题工艺品、旅游景区专属明信片、DIY 个人专属明信片、手绘明信片、微信打印明信片、加盖特色邮戳等个性化服务，最大限度地满足集邮者盖戳、普通游客旅游纪念等的需求。

图 6-13 主题邮局——最南邮局

（四）注重环境氛围的营造

亚龙湾热带天堂森林公园在建设和运用过程中注重营造优良的环境氛围，植物与景观配置得当，美化环境措施得力，景区内建筑及设施与景观体现协调，突出环保特征及可持续发展理念，如在园区墙体上利用废旧轮胎种植花草美化环境、绿化墙体（见图 6-14）。

（五）重视安全生产工作

亚龙湾热带天堂森林公园建立了较为完善的安全生产落实责任体系和工作机制，不断增加对安全生产的投入，确保安全生产工作全面落实。一是每个月

图 6-14 公园内墙体美化、绿化

公园都要召开安全生产工作会议，全面分析、解决安全生产工作问题；二是高度重视森林防火工作；三是设立定期实战演练和完善相关安全奖惩制度。例如，在2019年6月开展了"安全生产月"应急处置消防灭火、车辆事故救援实战演练，150多名员工参加了此次演练，通过实战演练对景区消防、客运安全管理措施和安全管理能力进行了一次有效检验，并积极查找不足，进一步完善了公园的安全管理体系。

同时，为了确保游览车运行安全，公园不仅对每位司机的驾驶水平有严格要求，还定期组织参加专业培训，做到每日对车辆进行检查、定期保养，并在所有游览车上安装GPS设备，确保能够实时监控车辆运行情况。

（六）注重树立服务榜样

一是举办服务技能大赛。自2011年以来，为了树立服务标杆和榜样，持续加强人才队伍培养，不断提高员工的职业技能与整体服务素质，亚龙湾热带天堂森林公园连续举办了八届服务技能大赛，通过连续举办服务技能大赛不断打造优秀的人才队伍，不断激励员工再接再厉，争当服务技能榜样。服务技能大赛常设奖项设有优秀班组（见表6-3）、最佳服务礼仪及技能服务一、二、三等奖等奖项。全员参与的服务技能大赛，一方面有效检验了各部门的岗位服务技能水平，另一方面的有效展示了各部门的业务综合素质和技能水平，为员工之间提供了直接的、有效的相互学习与提升的机会。例如，2019年举行的第八届服务技能大赛从8月启动持续了一个多月，共有285人参与，大赛涵盖7个部门、22个班组，分为班组晨会竞赛和个人岗位技能竞赛，包括环卫工、安保员、驾驶员、讲解员、收银员、服务员、监票员共7个一线岗位，最终有77名技能精英获嘉奖，通过激烈的比赛，涌现出一批服务技能标兵。

表6-3　2019年亚龙湾天堂森林公园第八届服务技能大赛优秀班组名单

部门	园容部	游览部	财务部	车辆运营部	餐饮部	护林安保部
班组	环卫班组	讲解二组	收银一组	游览车四队	楼面班组	治安三组

二是重视急救培训。为了有效增强员工的安全防范意识，提高对客服务

水平，公园开设了专题急救培训，针对公园常遇到的急救情况，系统组织学习摔伤、扭伤、毒蛇咬伤等的急救方法，通过学习让员工掌握基本的急救知识与实操技能，提升员工对突发事件的应急处理能力。例如，亚龙湾天堂森林公园2018年全员急救培训历时三天，共580余人参加，除了学习摔伤、扭伤、毒蛇咬伤等常见应急处置方法与措施，重点学习《应急救护成人心肺复苏》的课程，邀请三亚市红十字专职人员为公园员工就心肺复苏术[①]的原理、操作方法及步骤进行了详细的培训，同时进行了模拟操作，指导大家如何实施胸外按压、人工呼吸和使用除颤器（AED）等，通过系统培训，全体员工普遍地掌握了必要的急救技能，有效地提升了急救业务水平，具备了更好地为游客服务的基本技能。

（七）积极打造主题活动

一是积极推动婚纱摄影基地建设。得益于《非诚勿扰Ⅱ》[②]等影视剧的影响，自2010年随着各类在亚龙湾热带天堂森林公园取景的电影的播出，亚龙湾热带天堂森林公园的影响力和知名度不断提升，因为取景影视剧多和爱情有关，因此这里也成了婚纱摄影基地。目前，亚龙湾热带天堂森林公园旅游旺季（每年10月至次年4月）月均接待新人外景拍摄达到1200对左右，年均超10000对。亚龙湾热带天堂森林公园认真规范婚纱摄影的运营与服务，结合打造全域化的国际婚庆旅游度假目的地，2017年亚龙湾热带天堂森林公园获得三亚首批全域旅游婚纱摄影基地称号。

二是积极主办系列主题活动。公园深入挖掘雨林文化内涵，常年主办各类主题活动，不断开发森林体验和康养旅游产品市场，吸引游客参与，提升雨林景区文化品牌。例如，公园内拥有1500多种植物，为了让游客注意身边的植物，2019年举行了"春日踏青游主题活动"，其中第二期以"树"入影

---

① 心肺复苏术（英文简称CPR），是针对心脏骤停急救的唯一有效技术，包括胸外按压、开放气道、人工呼吸、电除颤及药物使用等内容。

② 《非诚勿扰Ⅱ》最主要外景地在天堂森林公园（鸟巢度假村），该片三分之二的场景在这里拍摄。电影中最重要的场景"空中鸟巢"是巧筑于天海之间、雨林之上的度假木屋，隐藏在雨林之中。这里推开门就可以朝看红霞白鹭，夜听雨打芭蕉，相当浪漫。另一个重要场景是"过江龙"的索桥。

（见表6-4），采取游客与植物合影的方式开展活动，吸引游客参与；为了提升家庭活动氛围，创新"亲子＋旅游"模式，组织了趣味登山赛——梦幻雨林精灵跑（见表6-5），对参加者的年龄不做硬性规定，但在参赛前需自主考虑身体的竞技水平，未成年的参赛者需由监护人（或代理监护人）陪同参赛，将跑道设置在公园里的全新观景道上，设置了众多参与性强的活动，集猜谜、妙趣、健康体验等元素于一体，让孩子和家长充分互动，有效满足了市场上高品质亲子游产品多样化形式的需求。

表6-4 以"树"入影主题活动主要内容

活动日期	2019年4月20—26日
参与方式	与旅游区的任意树木合影，发送照片到公众号后台
奖项	根据主题和作品质量，将筛选优质参与者，每人将获得天堂鸟吉祥物1只

表6-5 2019年"梦幻雨林精灵跑"主题活动

序号	主要节点	内容
1	入场须知	7月14日早7：30即可凭借姓名和报名时填的联系方式入场
2	活动流程	07：00—08：00森林公园4号停车场（鸟巢度假村前台旁），Coser装扮合影留念家庭互动签到；08：00—08：30热身活动，情境定向活动讲解，活动道具分发；08：30—10：30比赛开始；10：30—11：00终点互动休息活动；11：00—11：30完赛颁奖与奖品领取
3	提供赛事包	精灵耳朵、比赛用号码布、速干T恤（仅限成人）、泡泡枪（未成年人）、矿泉水
4	关卡设置	全程一共7个关卡需要通关完成：①起点任务为亲子变装，开启冒险任务，请宝贝用笔在面具上画出心目中大魔王的样子，然后请爸爸或妈妈戴上；②寻找解药／破解密钥；③重建精灵塔；④联合元素力量，主要是小朋友在家长的陪伴下，从儿童平衡木上走过，中途不可落地；⑤勇闯魔王宫殿，小朋友必须努力地跨越障碍，才能成功穿越；⑥决战大魔王；⑦终点秘语
5	设置奖项	①根据冠亚季军评判标准，选出冠、亚、季军；②特殊奖项，包括么么哒精灵完赛奖（所有沿途游戏关卡均完成者可获得么么哒完赛奖牌一个）、最潮精灵奖（活动现场打扮最潮的3位女精灵、活动现场打扮最潮的3位男精灵）、最友爱精灵家庭奖（活动现场最友爱的家庭、通关时候最团结一致的家庭）、雨林守护精灵奖（在参赛过程中主动积极收纳垃圾，维护景区生态环境的参赛小朋友）；③扭蛋抽奖

第七章
工业与现代农业类旅游景区

第一节　蒙牛工业旅游景区 [①]

一、基本情况

蒙牛工业旅游景区（呼和浩特）隶属于1999年成立的内蒙古蒙牛乳业（集团）股份有限公司，位于内蒙古自治区呼和浩特市。蒙牛工业旅游景区（呼和浩特）主要通过在生产车间设计参观通道等方式展示蒙牛牛奶、冰淇淋、酸奶、奶酪、奶粉等消费者所喜爱的产品的生产、加工到成品的全线生产流程，从而展现蒙牛企业文化，让广大消费者了解蒙牛、信任蒙牛、喜爱蒙牛。

蒙牛工业旅游景区（呼和浩特）2009年被评定为国家4A级景区，是首批全国工农业旅游示范点、中国企业文化建设示范（调研）基地、内蒙古自治区优秀旅游景区、呼和浩特市优秀旅游景区、呼和浩特市爱国主义教育示范基地、中国工农业旅游十大影响力品牌、中国企业文化建设十大先进单位、内蒙古自治区爱国主义教育示范基地。

二、开发历程

蒙牛率先提出"参观也是生产力"的理念，并一直秉承着"参观也是生产力"的宗旨，将文旅工作作为开放窗口，融入企业文化，为蒙牛集团与政府、消费者沟通搭建了重要平台，全方位展现了企业形象。

目前，蒙牛集团对外开放参观工厂26个（见表7-1），其中有2个4A级旅游景区，18个3A级旅游景区，各级别工业旅游示范单位6个。蒙牛集团所属各类工业景区正走向高质量集群化发展阶段，多年来共接待参观人员

---

① 本案例资料由蒙牛集团提供。

逾千万人次，深受好评。在2019年度的第三届中国工业旅游产业发展联合大会上，蒙牛荣获"网友最喜爱的十大工业旅游企业"称号，成为网友最喜爱的工业旅游企业典范之一。随着科技的进步，蒙牛工业旅游不断融入休闲、高科技元素，并用情怀来讲好传统工业的故事，逐步构建起一个"可观（景观）、可玩（参与）、可学（知识）、可购（购物）、可闲（休闲）"的工业旅游运营生态体系。

表 7-1　蒙牛集团对外开放参观工厂一览

序号	名称	等级	地区	评定时间
1	蒙牛工业旅游景区（呼和浩特）	4A	内蒙古呼和浩特市	2009年
2	蒙牛乳业尚志有限责任公司（尚志）	4A	黑龙江省尚志市	2014年
3	蒙牛乳业工业旅游区（焦作）	3A	河南省焦作市	2010年
4	蒙牛乳业泰安有限责任公司（泰安）	3A	山东省泰安市	2010年
5	蒙牛乳业沈阳有限责任公司（沈阳）	3A	辽宁省沈阳市	2011年
6	蒙牛乳业马鞍山有限公司（马鞍山）	3A	安徽省马鞍山市	2011年
7	蒙牛乳业齐齐哈尔有限公司（齐齐哈尔）	3A	黑龙江省齐齐哈尔市	2012年
8	蒙牛乳业宝鸡工业旅游景区（宝鸡）	3A	陕西省宝鸡市	2013年
9	蒙牛乳业唐山有限责任公司旅游景区（唐山）	3A	河北省唐山市	2013年
10	蒙牛乳业太原工业旅游景区（太原）	3A	山西省太原市	2013年
11	蒙牛乳业磴口巴彦高勒有限责任公司（巴彦淖尔）	3A	内蒙古巴彦淖尔市	2014年
12	蒙牛工业旅游景区（眉山）	3A	四川省眉山市	2014年
13	蒙牛乳业乌兰浩特有限责任公司（乌兰浩特）	3A	内蒙古乌兰浩特市	2015年
14	内蒙古蒙牛乳业科尔沁有限责任公司（通辽）	3A	内蒙古通辽市	2016年
15	蒙牛塞北乳业工业旅游园（张家口）	3A	河北省张家口市	2016年
16	蒙牛乳业察北有限公司（张家口）	3A	河北省张家口市	2017年

序号	名称	等级	地区	评定时间
17	唐山市蒙牛乳业滦南工业旅游景区（唐山）	3A	河北省唐山市	2017 年
18	保定蒙牛饮料有限公司（保定）	3A	河北省保定市	2017 年
19	蒙牛乳业工业旅游景区（衡水）	3A	河北省衡水市	2018 年
20	蒙牛乳业银川有限公司（银川）	3A	宁夏银川市	2018 年
21	蒙牛乳业北京有限责任公司（北京）	全国工业旅游示范点	北京市通州区	2005 年
22	内蒙古蒙牛乳业包头有限责任公司（包头）	内蒙古自治区工业旅游示范点	内蒙古包头市	2011 年
23	蒙牛乳业宿迁有限公司（宿迁）	江苏省工业旅游示范基地	江苏省宿迁市	2012 年
24	蒙牛乳制品武汉有限责任公司（武汉）	湖北省工业旅游示范点	湖北省武汉市	2017 年
25	蒙牛乳业金华有限公司（金华）	浙江省工业旅游示范企业	浙江省金华市	2017 年
26	蒙牛乳制品天津有限责任公司（天津）	工业旅游示范基地	天津市	2019 年

三、服务与管理主要特点

（一）专职部门统筹景区运营

蒙牛集团以"旅游+"为路径，坚持规划引领、突出特色、完善设施、优化服务，构建主题鲜明、形式多样、内涵丰富、功能齐全的旅游体系，将工业旅游培育成蒙牛发展的新领域和新动能。为了做好参观等旅游专项工作，蒙牛集团设立了专职的文化旅游管理部，主要以政府视察、投资考察、旅行研学、国内外游客接待工作为主。目前，蒙牛集团文化旅游管理部建成了一支高素质的讲解接待队伍（见图 7-1 及《蒙牛工业景区（呼和浩特）讲解词（部分）》），拥有英汉、蒙汉等双语讲解员，接待外宾的能力得到政府外办及外宾的一致认可,接待游客能力达百万人次 / 年。

图 7-1 讲解人员为游客介绍蒙牛全系列产品矩阵

蒙牛工业景区(呼和浩特)讲解词(部分)

尊敬的朋友,大家好!

　　欢迎大家来到蒙牛集团。

　　首先,由我向各位朋友简要介绍一下蒙牛的整体运营情况。

　　1999 年,在呼和浩特一座 53 平方米的民宅里,蒙牛正式成立。用了 18 年的时间,蒙牛已经成功跻身世界乳业 10 强。中国最大的粮油食品企业中粮集团、法国 Danone(达能)、丹麦 Arla Foods(阿拉福兹)分别是蒙牛的第一、二、三大战略股东。截至目前,蒙牛集团在全国拥有近 4 万名员工、41 个国内生产基地、2 个海外生产基地(印尼、新西兰)、3 个海外子公司(贝拉米、LDD、Burra Foods,在澳大利亚形成了完整的产业链布局)。蒙牛的产品销售覆盖中国大陆和香港、澳门,以及新西兰、新加坡、柬埔寨、蒙古、缅甸、印度尼西亚等国家。2018 年蒙牛全年营收近 700 亿元,同比增长 14.7%,净利润 30.43 亿元,实现 48.6% 的高增长。

　　每一天,蒙牛为 8000 万消费者提供奶制品;每一年,有 10 亿人次购买蒙牛产品。

　　现在我们所在的地方,是蒙牛集团总部第六期工厂。

　　接下来大家这边请,让我们一同了解这座牛奶的智慧工厂。

（美食廊桥）大家请向左边看，在您左手边的是收奶广场。每天，工厂周边的集约化牧场，会向我们源源不断地供奶。运奶车在运输过程中，全程有 GPS 追踪定位，并装有电子铅封，保证生鲜乳在运输过程的质量安全。当运奶车将生鲜乳送到工厂之后，会在这里排队等候 69 项检验指标检验，全部检验合格后可以卸奶。生鲜乳检验完全实现了信息化，确保人员在检验环节的"0"失误。

达标后的生鲜乳通过地下管道进入我们右手边的户外储奶仓里，生鲜乳最佳的储存温度为 1℃~7℃。在这个范围内，细菌滋生最慢。您看到的这些奶仓内部设计有保温夹层，确保生鲜乳在奶仓中保持新鲜。

走到这里，我们可以看到"奶以安为要"，这是习近平总书记在 2009 年 8 月 25 日视察蒙牛时所作出的指示。当时，总书记看到蒙牛的企业口号"民以食为天，食以奶为先"时，提出"应该再加一句，奶以安为要"。这是党和国家领导人对乳业工作者殷殷寄托与高度期望，更是蒙牛的荣誉和责任，总书记表示，看到了生产过程，我对蒙牛的发展很有信心，对于你们的生产也非常放心。蒙牛人牢记习近平总书记的嘱托，将"奶以安为要"明确为公司对产品品质的绝对要求，现在蒙牛所有工厂中的显著位置都可以看到习总书记的这句嘱托。

（二）游览路线人性化设计

蒙牛工业旅游景区（呼和浩特）以人性化服务理念为核心，通过联动内外景区、升级参观区域、开设知识讲堂、开展主题活动，为海内外游客打造一个工业与文化紧密结合、绿色发展、创新服务的工业旅游景区。

在入口设计方面，蒙牛工业旅游景区（呼和浩特）的参观通道，展示了 11 个风格不同的品牌馆，并积极展现蒙牛国际化的战略布局，同时在参观线路上分布了相关品牌的美食品尝点，可以品尝用蒙牛乳制品制作的美食，为游客打造了良好的第一印象区（见图 7-2）。

在游览内涵方面，通过参观工厂生产流水线，可以看到全球规模最大、智能化程度最高的液体奶生产工厂，了解乳制品生产的完整流程（见图 7-3）。主要展现以智慧生产为核心的无人驾驶的智能小车、空中来回穿梭的空中转递小车，以及效率颇高的机器人码垛手臂等，游客可以感受到 20 条高速机同时运转所带来的工业 4.0 的震撼场景，在此形成了以蒙牛产业核心技术为主要展示内容的核心游览区。

图7-2　景区入口具备游客中心各项功能

图7-3　参观游览内容展示

在企业文化展示方面，主要通过游览途中蒙牛文化长廊的方式（见图7-4），让游客全方位了解乳业上游到下游的各个环节，打造蒙牛企业文化展示与游憩互动空间创建为主的主题展示互动区，让游客在充分了解乳制品从石器时代到 21 世纪的发展变化的同时，也深刻感受蒙牛 20 多年来的快速发展。例如，为体现西方牛奶工业发展的脉络，用体现连绵的阿尔卑斯山脉衬托着欧式风格的建筑、紫花苜蓿草的展示方法，同时设立了小牛犊的"单身宿舍"参观，让游客近距离感受蒙牛的与众不同。

图 7-4　文化展示长廊

（三）营造体验式互动氛围

为了给游客带来更好的参观互动体验效果，蒙牛工业旅游景区（呼和浩特）还设计了多样化的互动项目（见图 7-5），主要有：（1）模拟牧场挤奶。讲解员会带领游客亲身体验挤奶过程，并通过上方的计时器来挑战熟练工的操作速度。（2）创新厨房。家长与孩子可以一起动手，制作出独一无二的美食甜点。（3）蒙牛企业文化大讲堂。针对研学团体，在了解牛奶生产过程后，一起感受蒙牛独一无二的企业文化，体会乳品行业的"蒙牛速度"。（4）机器人牛博士。讲解机器——机器人牛博士，可以与游客进行交流互动，并献上一支真正的机械舞蹈。（5）牛奶时空仓 VR 体验。这是景区最具科技感的互动项目，游客可以坐在时空仓内，戴上 VR 眼镜在 3 分钟视频观赏中实现环游世界，并置身其中了解蒙牛在世界的战略布局。

图 7-5　互动体验场地

（四）开展丰富多样的主题活动

蒙牛工业旅游景区（呼和浩特）自成立以来，注重根据游客、消费者需求，每年开展特色主题活动，为游客提供多样的游览内容，打造了多样的主题活动体系。注重活动宣传方式的不断推进，由单一稿件宣传创新转变为多平台宣传，由稿件宣传创新转变为视频宣传，宣传覆盖面广，活动的影响力不断扩大，活动成果显著，宣传稿件阅读量超 20 万，并受到广泛好评。例如，2019年组织的主题活动有热门研学游、亲子互动、六·一儿童节、祖国 70 周年庆典等，各类活动形式新颖，注重由线下参观互动创新转变为线上直播浏览参观，由研学活动的"引进来"到研学课堂"走出去"（见图 7-6、表 7-2）。

图 7-6　呼和浩特市中小学生到访蒙牛工业旅游景区

表 7-2　蒙牛工业旅游景区（呼和浩特）2019 年特色主题活动

序号	活动名称	活动日期	活动主题	活动对象
1	2019 集团员工年会主题参观活动	1 月 18 日	"打卡 2019"	参加 2019 年员工年会的驻外员工 600 余人
2	父母和孩子之间的这堵墙，该推倒了	2 月 23 日	亲子系列主题参观活动	来自包头市的 15 对亲子家庭

续表

序号	活动名称	活动日期	活动主题	活动对象
3	抱歉，这是一个你"不了解的蒙牛"	4月29日	创新驱动发展　研学引领成长	内蒙古农业大学食品科学与工程系百位研究生
4	全国开放工厂陪伴小朋友欢乐过"六·一"	6月1日	"乐六一·爱蒙牛·共成长"	全国13个工厂联合当地学校幼儿园开展活动
5	常、低、冰工厂直播助力电商夺5连冠	5月29日 6月16日 6月17日	和林、焦作、通州工厂共同助力电商618	电商直播平台近万浏览量
6	一廿之间，蒙牛20年	8月8日	来自全世界对蒙牛20岁生日的祝福	蒙牛印度尼西亚工厂客户、乌拉圭大使、夏令营小朋友、蒙牛经销商、武警总队、老牛基金
7	蒙牛学生奶活动	9月26日	一滴学生奶的安全生产和饮用	呼和浩特市曙光幼儿园
8	壮丽七十年，奋斗新时代蒙牛与您共度国庆	10月1日	在蒙牛度过的特别的一天	10月1日当天参观超百位游客
9	蒙牛和林总部工业旅游景区同呼和浩特市民族实验学校共建研学基地	11月13日	研学基地授牌主题活动	呼和浩特市民族实验学校学生及蒙古国留学生
10	TOP蒙牛带你走进菌种的神奇世界	12月17日	带着蒙牛的菌种研究深入学校	呼和浩特市第二中学300人

（五）建设具有文化符号的特色购物体系

蒙牛工业旅游景区（呼和浩特）注重购物场所建设，以全新服务游客核心理念，精心打造了旅游商品商店（产品 BAR）。游客可以在景区出口处的旅游商品商店（产品 BAR）免费品尝蒙牛的新产品，也可以给家人选择购买一些有趣的特色旅游商品（见图7-7）。所销售的旅游商品有效地做到了规范化销售，各类旅游商品充分体现了乳业特色和地域文化特点，蒙牛工业旅游景区（呼和浩特）不仅把旅游商品销售打造成观光游览的重要内容，也有效地延长了游客游览的停留时间。

图7-7 特色旅游商品

（六）健全服务支持体系

蒙牛工业旅游景区（呼和浩特）坚持以游客为中心，坚持宜游、宜学的旅游景区的服务理念，蒙牛工业旅游景区积极与周边区域建立协作体，营造周边区域住宿、餐饮及娱乐的良好氛围，有效满足游客的多样需求。特别注重满足团队游客的需求，景区2千米范围内中高档酒店共24家，部分酒店可承接宴会，也可以按照旅行社的要求出餐，餐标40~60元/人不等，酒店还拥有丰富的娱乐项目，如保龄球、排球、网球、室内游泳池、电影院等，能够有效满足团队游客需求。同时，蒙牛餐厅也面向外界开放，蒙牛餐厅分非清真餐厅和清真餐厅，可容纳1200人就餐，餐标在20~35元／人不等，充分满足团队及普通游客的用餐需求（见图7-8）。

图7-8　餐厅

第二节　蒙草·草博园[①]

一、基本情况

蒙草·草博园为蒙草集团[②]生态空间之一，位于内蒙古自治区呼和浩特市，占地近1000亩，种植近200种乡土植物，2019年被评定为国家4A级旅

---

① 本案例资料由蒙草集团提供。

② "蒙草集团"全称为内蒙古蒙草生态环境（集团）股份有限公司，于1994年开始创立，是一家致力于推广"种质资源"和应用"生态数据"从事环境治理修复的科技型企业，立足"草、草原、草科技"构建产业生态圈，细分业务有：草原、沙地、矿山、盐碱地、荒废弃地、市政园林、海绵城市、运动草坪、城市绿地等。

游景区。蒙草·草博园主要包括：草原乡土植物馆（种质资源库）、乡土植物种质资源圃、现代化种子产品智能化加工中心、花海花田生态包试验区、小草之家（育苗车间）、小草 MORE（小草及周边文创产品超市）、快乐小草足球场、雨水花园、百合园、野花谷、蚯蚓总动员天然肥料基地。蒙草·草博园体现出蒙草企业的愿景、对待生命的态度，注重将植物科普、种业科技、生态修复、生态产品综合为生态生命共同体进行展现，积极倡导自然界是一个生命共同体，坚持山水林田湖草是一个生命共同体的发展理念。

二、发展历程

蒙草·草博园前身为 2009 年成立的蒙草抗旱植物研究院[①]，是蒙草乡土植物种质资源综合研究基地之一，专注于"乡土植物种质资源"研究驯化及实践运用，为生态多样性保存、生态修复、种业科技等提供科研及技术保障。

2014 年，习近平总书记在内蒙古视察时来到蒙草，称赞蒙草的生态理念，有鉴于此，蒙草积极筹划把自有生产基地作为生态文化的传播空间。2015 年 6 月，蒙草草原乡土博物馆正式开馆接待游客，在以生态文化为主题，做好生态建设的同时，注重传播生态理念与文化，经过不断的升级改造，将草原乡土植物馆进一步完善成为现在的草博园，并于 2017 年被评定为国家 3A 旅游景区。

2019 年，蒙草·草博园在 3A 级旅游景区既有基础上，开展创建 4A 级旅游景区工作，对整个园区进行了整体性规划提升和景观改造，从硬件设施到软件服务内容，对照国家 4A 级旅游景区要求，投入近 3000 万元，2019 年 10 月被评定为国家 4A 级旅游景区。

---

① 抗旱植物研究院是蒙草第一个植物研究院。

三、服务与管理主要特点

（一）不断推进旅游标准化

蒙草·草博园在创建 4A 级旅游景区过程中，认真按照国家标准《旅游景区质量等级的划分与评定》（GB/T 17775—2003）开展达标工作，注重对照《〈旅游景区质量等级的划分与评定〉国家标准评定细则》开展工作，分别对旅游交通、游览、旅游安全、卫生、邮电服务、旅游购物、综合管理、资源和环境的保护开展达标整改工作。

一是完善游客中心功能。对照行业标准《旅游景区游客中心设置与服务规范》（LB/T 011—2011）对现有游客中心进行了建设和完善，改造后的游客中心不仅位置合理、规模适度、外观适宜（有醒目的标识和名称，见图 7-9），不破坏现有景观，同时内部设施齐全，各项服务功能体现充分，特殊人群服务设备充足、规范。游客中心设有厕所并按照《旅游厕所建设管理指南》（国家旅游局 2015 年 4 月颁布）进行了完善，能满足游客需要，建筑造型景观化，厕所内部具备水冲、盥洗、通风设备，设专人服务，洁具洁净、无污垢、无堵塞，室内整洁，厕所标识醒目美观并体现出浓厚的文化气息（分别用"草"和"花"来区标识男、女卫生间，见图 7-10）。

图 7-9　游客中心外观

图 7-10　游客中心内厕所

　　二是标识系统规范、合理。蒙草·草博园合理设置了各种引导标识（包括导游全景图、导览图、标识牌、景物介绍牌等），各类标识特色突出、内容严谨，注重与科普知识紧密结合。特别是设在相关参观物前的景物介绍牌普遍具有趣味性、科普性和美观性（见图 7-11），景观通道道路导向指示牌既准确又适用（见图 7-12）。

图 7-11　景物介绍牌　　　　　　　　　图 7-12　道路导向指向牌

　　三是导览服务完整、协调。一方面具有专职人工讲解队伍（见图 7-13），讲解人员数量能够与景区规模相适应，讲解人员能够使用标准的普通话进行讲解，讲解词以适用性为核心（见《蒙草·草博园标准讲解词（部分）》），同时根据研学旅行等特殊活动讲解需要，突出了"小草向导"特色讲解（见图7-14），讲解员作为生态讲师，依据参观者的年龄、职业等输出不同的讲解内容。另一方面非人工解说体系完备，园区内景物介绍牌做到了图文并重（见图7-15），注重采用卡通模拟等多种表现手法，将深刻的生态知识转化为精简有趣的生态故事，相关介绍注重根据研究动态进行不断更新，充分保障游客能近距离观察、实时理解和准确把握最新资讯。同时，园区设有二维码自主讲解系统，游客可通过自主扫码了解不同讲解内容，在官网上开放线上全景参观（见图7-16），游客可以足不出户了解园区景观，欣赏美景的同时，线上学习生态知识。

图 7-13　位于游客中心的导游公示（部分）

蒙草·草博园标准讲解词（部分）

【土壤展示墙】

　　蒙草，是以驯化乡土植物进行生态修复的科技型生态企业。说到乡土植物，大家不难想到我们身边常见的野花、野草，它们生长在原本属于它们的那片土壤，这面土壤墙，就是内蒙古一些常见的土壤，颜色不一、功能各异。通俗讲就是：一个地方适宜生长什么植物、什么花花草草，不是由人决定的，而是由当地的水质、土壤、气候等决定的，一方水土养一方人，其实一方水土也养一方植物，所以"驯化乡土植物修复生态"就是用适应某个区域的植物来恢复当地的生态。蒙草，就是坚持"师法自然、构建和谐生命共同体"的理念，用当地的乡土植物还一片绿水、青山、沃草原。

【植物标本展示柜】

"尊重生态、师法自然"的理念，决定了蒙草式生态修复的过程为"先数据、后配方"，每到一个地方，我们首先通过生态大数据平台，结合实地调研，了解这个区域水、土、气、草、畜、人等生态数据和历史演化情况，然后根据生态破坏程度，给出最适宜的技术措施和植物配置方案。

蒙草拥有国内数据和规模都领先的乡土植物种质资源库，收集全国植物种质资源图文数据信息近6.2万条；实物储存的乡土植物种质资源6200余份，是特色种业育繁推的基础；有地理标记的植物标本4万份，干旱、半干旱地区土壤样本近100万份；审定国家及自治区草品种17个，获得国家植物新品种权4项；引种驯化乡土植物200余种；植物名称、采集地、采集人、采集时间，甚至连采集地的经纬度、坡度、周围生长的其他伴生植物都有详细记录，这些都会形成数据，录入我们的生态大数据平台当中。

图 7-14 "小草向导"特色讲解

图 7-15 提示性、示意性景物介绍标识

图 7-16　线上全景参观

　　四是安全警告措施得当。蒙草·草博园主要游览区域内各主要游览节点安全警告标志、标识齐全、醒目、规范，起到保护、提醒游客的作用，同时也最大限度地维护园区内各类植物资源的安全，特别是在存在危险性的地带采取了各类安全警告措施，如各类安全标志及标示等（见图 7-17）。

133

图 7-17　环保材料温馨提示牌

（二）持续进行研学教育活动

蒙草·草博园以"乡土植物种质资源"的研究、繁育和展示为主，通过把科技与生态相融合，运用模拟自然、融入自然的表现手法，从原来一个普通乡土植物研究繁育基地打造出一处生动体现"人与自然和谐共生"的生态空间，成为独特的生态科普教育基地。2018 年，蒙草·草博园被评为"国家环境科普基地"。

一是开设特色研学课程。目前，蒙草·草博园依据馆内乡土植物及蒙草独有的生态理念，开发设计了自有生态研学课程《植物的"攻守道"》《种子旅行记》等十余种自然生态课程，从生态体验、影音视听、实践动手三大方面逐层开展生态研学，让孩子逐步体验实践自然知识。针对幼儿、小学、初中、高中等不同年龄段的学生开设生态研学活动，从植物学、土壤学、昆虫学、微生物学等不同角度开发课程，真正让孩子们以自然为师。例如，幼儿开展"自然五感体验"活动，通过五感——视觉、听觉、嗅觉、味觉、触觉，来获取大自然中的神奇奥秘；初中开展《土壤体检》《植物克隆》等与学校课程紧密联合的自然实验课程，让学生在自然中实践学习，将书本知识与自然实践有机结合。

二是注重开展专项活动。除了专门的研学课程的开展，注重开展多种体验式研学教育活动，如通过演示感知生态大数据的收集与应用，可以体验植物种植、组培或押花，把亲手做的生态礼物带回家，成为学生身边的"生态良师"（见图 7-18）。仅仅 2019 年，就有来自呼和浩特、包头、鄂尔多斯、大同等周边城市超过 8.9 万名小学、初中、高中生到蒙草草博园及百草园学习自然知识，普遍提高了学生热爱自然的意识。

图 7-18　研学教育活动

（三）以主题活动增强游客体验性和参与性

蒙草·草博园常年开展春节、元宵节、母亲节、野花节、百合文化节、读书日活动、种植日、环保日等十余项特色主题活动，以此带动游客积极参与和体验相关活动，并普及相关知识。

例如，2019 年 5 月举办的"草原野花节"主题活动，以"赏花香、闻鸟语、看话剧、学知识"为核心（见表 7-3、图 7-19），主打亲子游，结合草博园乡土植物花卉草坪，留住孩子快乐，唤起孩子兴趣，带领孩子在自然环境中了解本土适生植物，学习身边是什么样的土壤和气候养育的自己，是什么样的植物同自己一起同生共长，同时创新性地以环保话剧的形式向孩子传播生态保护理念，寓教于乐的形式将生态保护的种子植入孩子们的思想中，帮助孩子认识自然、热爱自然、保护自然。

例如，2019 年 7 月联合内蒙古自治区扶贫办及大金融机构举行了"初心国旗红　共建生态绿　蒙草百合节"主题活动（见表 7-4、图 7-20），以红色百合①为共和国成立 70 周年庆祝献礼，推进生态扶贫②、产业扶贫，助力绿色发展，节日期间设置了非常多的互动活动。

表 7-3　"草原野花节"主题活动主要互动活动

序号	名称	内容
1	少儿绘画	百米环保画卷绘制，画出孩子心中的草原春天
2	环保话剧	以蒙草生态修复项目为植入，设计环保儿童话剧《地心历险记》，话剧形式向孩子讲述生态保护知识理念
3	草地游乐园	蒙草创新产品快乐走路草，可亲近、可踩踏，满足孩子亲近自然、接触自然的需求，和草地有个亲密接触
4	气球海洋寻宝	亲子互动游戏释放天性，学习环保知识增加亲子体验，获胜者还能收到一份"小草的礼物"

① 百合在全球大约 120 余种，其中 50 余种在中国，而能在零下 21℃越冬的红百合仅有一种在蒙草。蒙草生态一直通过驯化本土植物进行生态修复。多年来凭借种质资源的积淀及驯化技术的保障，将这些被人"遗忘"的又比较常见的乡土植物重新展现在人们视野前。每年 7 月蒙草·草博园百合花田争相盛开，持续多年的百合文化节活动如约而至。

② 多年来，蒙草致力于驯化乡土植物修复生态系统，在修复生态的同时，还积极履行社会责任，以产业扶贫、生态扶贫，使生态大数据从生态修复的应用扩展成为内蒙古指导农牧民"生产、生活、生态"的"导航平台"，不仅修复一方生态，更惠及每一户牧民。

图 7-19　"草原野花节"主题活动

表 7-4　"初心国旗红　共建生态绿　蒙草百合节"主题活动主要互动活动

序号	名称	内容
1	欢乐押花课堂	不同的乡土植物经过整理、加工、脱水，保持原有色彩形态，加入你的创意构思，我们身边的乡土植物也能呈现出与众不同的乡野之美
2	五彩插花体验	百合花、桔梗、千叶蓍等别具特色的乡土植物任君采撷，从五彩缤纷的花海中亲自挑选你的最爱，将自然之美带回家中
3	生态巧手剪纸	蝴蝶、甲虫、花朵、兔子、小鸟，我们身边不起眼确极具生态价值的小邻居，民间匠人以古老的剪纸手工向每个朋友讲述生态循环的故事，学知识、学剪纸，只要你有一双巧手，便可以剪出神奇的自然世界
4	万朵百合共筑国旗	万朵蒙草独创培育红色百合花拼绘国旗，带着红火火的热情、扑鼻的香气、含着露珠的深情，象征着对新中国成立 70 周年的深情祝福，与国旗同框，记录我和我的祖国
5	地板钢琴弹奏生态赞歌	互动游戏多人弹奏地板钢琴，共奏《我和我的祖国》，现场成为一片歌声和鲜花的海洋

图 7-20 "初心国旗红 共建生态绿 蒙草百合节"主题活动

（四）宣传材料及旅游商品特色突出

一是蒙草·草博园旅游景区宣教材料规范、可读性强。现有介绍资料内容丰富、文字优美、制作精美，注重适时更新版本体现最新信息，体现除了蒙草·草博园自身特点，并方便游客携带。

二是规范化生产和销售旅游商品。蒙草·草博园设有小草 MORE（小草及周边文创产品超市），销售的旅游商品以"快乐小草"特色旅游商品为核心，主体为各种植物种子礼盒，以帮助种植为核心，充分体验种植的乐趣，充分体现了本地特色和地域文化特点，具备一定的收藏、纪念、欣赏、馈赠意义和实用价值，并方便游客携带（见图 7-21）。

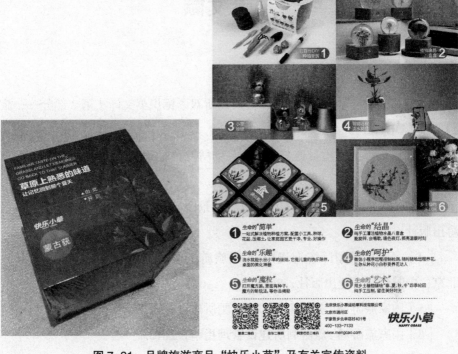

图 7-21　品牌旅游商品"快乐小草"及有关宣传资料

参考文献

［1］北京市技术质量监督局.公共场所双语标识英文译法第 2 部分——旅游景区（DB11/T 334.2—2006），2006.

［2］北京市技术质量监督局.公共场所双语标识英文译法通则（DB11/T 334—2006），2006.

［3］北京市旅游局.北京市 A 级旅游景区管理实务［M］.北京：中国旅游出版社，2010.

［4］大地风景国际咨询集团.A 级旅游景区提升规划与管理指南［M］.北京：中国建筑工业出版社，2015.

［5］国家旅游局.关于印发"旅游厕所建设管理指南"的通知，2015.

［6］国家旅游局.旅游厕所建设管理指南，2015.

［7］国家旅游局.旅游景区游客中心设置与服务规范（LB/T 011—2011），2011.

［8］国家质量监督检验检疫总局.旅游游旅游景区质量等级的划分与评定（GB/T 17775—2003），2004.

［9］郝康理.旅游新论：互联网时代旅游业创新与实践［M］.北京：科学出版社，2015.

［10］刘大山.用精心雕琢的"产品"留住游客［N］.南京日报，2019-09-06（A5）.

［11］牛海燕.浅析旅游景区良好购物环境的营造［J］.东方文化周刊，2014（12）.

［12］潘肖澎，肖智磊.《旅游景区质量等级划分与评定》标准解读［M］.北京：中国旅游出版社，2011.

［13］邵琪伟.中国旅游大辞典［M］.上海：上海辞书出版社，2012.

［14］文化和旅游部财务司.中华人民共和国文化和旅游部2018年文化和旅游发展统计公报，2019.

［15］徐挺，朱虹.旅游景区游客中心规划与管理［M］.北京：中国旅游出版社，2017.

［16］殷学兵，钟太昌.擦亮"南京城市人文客厅"品牌，让"天下文枢"实至名归［N］.南京日版，2018-10-12（A5）.

［17］赵广朝.北京市A级旅游景区管理实务［M］.北京：中国旅游出版社，2010.

［18］中国旅游研究院.中国旅游景区发展报告（2019）［M］.北京：旅游教育出版社，2019.

［19］周永振，姜海涛，王羽.包头市旅游标准化建设指南［M］.北京：中国旅游出版社，2016.

［20］周永振，王羽.旅游景区建设与管理实务［M］.上海：复旦大学出版社，2016

‖后　记‖

　　本书由赤峰学院服务赤峰市经济社会发展应用项目（项目名称：赤峰市高等级景区运营质量提升工程2018—2020，项目编号：CFXYFC201805）资助出版，非常感谢相关部门的大力支持，使得本书得以顺利出版。项目在调研期间走访了许多旅游景区，搜集到大量的素材，为本书的撰写积累了宝贵的一手资料。

　　同时，本书也是文化和旅游部2018年度万名旅游英才计划（项目名称：《旅游景区运营与管理》课程建设与内蒙古品牌景区创建服务结合研究，项目编号：WMYC20184-037）阶段性研究成果，该项目为2018年度双师型项目，要求理论与实践高度结合，致力于推动旅游景区的规范化建设，在项目开展期间进行的学术、实务交流丰富了本书的理论体系。

　　由于能力有限，借鉴和参考了大量的资料，没能一一列举，疏漏难免，在此深表抱歉，这些卓越的成果对本书有很大启发，在此表示深深的感谢。

　　非常感谢有关案例单位给予的大力支持，其所提供的大量资料（包括部分照片）极大地丰富了本书的实践性和可读性。同时，也要感谢我的同学苑惠敏提供的封面照片并惠准使用！

周永振

2020年3月

项目策划：段向民
责任编辑：张芸艳
责任印制：谢　雨
封面设计：武爱听

图书在版编目（CIP）数据

旅游景区服务与管理案例 / 周永振著 . -- 北京 ：
中国旅游出版社，2020.5（2021.11 重印）
ISBN 978-7-5032-6489-4

Ⅰ．①旅… Ⅱ．①周… Ⅲ．①旅游服务②旅游区－经
济管理 Ⅳ．① F590.63 ② F590.654

中国版本图书馆CIP数据核字(2020)第079990号

书　　名	旅游景区服务与管理案例
作　　者	周永振　著
出版发行	中国旅游出版社
	（北京静安东里 6 号　邮编：100028）
	http://www.cttp.net.cn　E-mail:cttp@mct.gov.cn
	营销中心电话：010-57377108，010-57377109
	读者服务部电话：010-57377151
排　　版	北京旅教文化传播有限公司
经　　销	全国各地新华书店
印　　刷	三河市灵山芝兰印刷有限公司
版　　次	2020 年 5 月第 1 版　2021 年 11 月第 2 次印刷
开　　本	720 毫米 × 970 毫米　1/16
印　　张	9.25
字　　数	152 千
定　　价	39.80 元
ＩＳＢＮ	978-7-5032-6489-4